MIX
Papier aus verantwortungsvollen Quellen
Paper from responsible sources
FSC® C105338

Sebastian Reuther

Bankensystem und Wirtschaftskrise

Trennbanken- vs. Universalbankensysteme

Diplomica Verlag GmbH

Reuther, Sebastian: Bankensystem und Wirtschaftskrise: Trennbanken- vs. Universalbankensysteme. Hamburg, Diplomica Verlag GmbH 2013

Buch-ISBN: 978-3-8428-9493-8
PDF-eBook-ISBN: 978-3-8428-4493-3
Druck/Herstellung: Diplomica® Verlag GmbH, Hamburg, 2013

Bibliografische Information der Deutschen Nationalbibliothek:
Die Deutsche Nationalbibliothek verzeichnet diese Publikation in der Deutschen Nationalbibliografie; detaillierte bibliografische Daten sind im Internet über http://dnb.d-nb.de abrufbar.

Das Werk einschließlich aller seiner Teile ist urheberrechtlich geschützt. Jede Verwertung außerhalb der Grenzen des Urheberrechtsgesetzes ist ohne Zustimmung des Verlages unzulässig und strafbar. Dies gilt insbesondere für Vervielfältigungen, Übersetzungen, Mikroverfilmungen und die Einspeicherung und Bearbeitung in elektronischen Systemen.

Die Wiedergabe von Gebrauchsnamen, Handelsnamen, Warenbezeichnungen usw. in diesem Werk berechtigt auch ohne besondere Kennzeichnung nicht zu der Annahme, dass solche Namen im Sinne der Warenzeichen- und Markenschutz-Gesetzgebung als frei zu betrachten wären und daher von jedermann benutzt werden dürften.

Die Informationen in diesem Werk wurden mit Sorgfalt erarbeitet. Dennoch können Fehler nicht vollständig ausgeschlossen werden und die Diplomica Verlag GmbH, die Autoren oder Übersetzer übernehmen keine juristische Verantwortung oder irgendeine Haftung für evtl. verbliebene fehlerhafte Angaben und deren Folgen.

Alle Rechte vorbehalten

© Diplomica Verlag GmbH
Hermannstal 119k, 22119 Hamburg
http://www.diplomica-verlag.de, Hamburg 2013
Printed in Germany

Inhaltsverzeichnis

Abstract V

Abbildungsverzeichnis VI

Tabellenverzeichnis VIII

Abkürzungsverzeichnis IX

Einleitung 1

Problemstellung 3

1   Zur volkswirtschaftlichen Bedeutung von Banken 5

   1.1   Neoklassischer Ansatz der Effizienzmarkthypothese 5

   1.2   Ansatz der Neuen Institutionenökonomik 8

       1.2.1 Transaktionskostenansatz 9

            1.2.1.1 Haushalte 10

            1.2.1.2 Unternehmen 10

            1.2.1.3 Intermediäre 11

       1.2.2 Grundlagen der Prinzipal-Agent-Theorie 14

            1.2.2.1 Verborgene Eigenschaften 15

            1.2.2.2 Adverse Selektion 16

            1.2.2.3 Hidden action 17

            1.2.2.4 Moral hazard und adverse Selektion 17

            1.2.2.5 Lösungsansätze 19

   1.3   Kapitalmärkte als markets for lemons 20

       1.3.1 Kapitalanbieter als Prinzipale 20

       1.3.2 Banken als Prinzipale 22

2 Finanz- und Bankensysteme ... 25

2.1 Finanzsysteme ... 25

2.2 Bankensysteme ... 26

    2.2.1 Universalbankensystem ... 27

    2.2.2 Trennbankensystem ... 28

2.3 Geschäftsfelder von Banken ... 28

    2.3.1 Kerngeschäft ... 29

        2.3.1.1 Passivgeschäft ... 29

        2.3.1.2 Aktivgeschäft ... 29

    2.3.2 Peripheriegeschäft ... 30

2.4 Formen der Unternehmensfinanzierung ... 31

    2.4.1 Bankorientierte Unternehmensfinanzierung ... 32

    2.4.2 Kapitalmarktorientierte Unternehmensfinanzierung ... 33

2.5 Modellierung der theoretischen Erkenntnisse ... 34

    2.5.1 Vollkommener Kapitalmarkt ... 36

    2.5.2 Unvollkommener Kapitalmarkt ohne Intermediation ... 37

    2.5.3 Unvollkommener Kapitalmarkt Universalbankensystem ... 39

    2.5.4 Unvollkommener Kapitalmarkt Trennbankensystem ... 42

2.6 Hypothesen ... 44

3 Exkurs internationale Finanzmarktarchitektur ... 46

3.1 Abgrenzung von Gütermärkten ... 46

3.2 Krisen ... 47

    3.2.1 Kreditklemme ... 48

    3.2.2 Finanzmarktstabilität als öffentliches Gut ... 49

3.3 Finanzderivate ... 50

3.3.1 Absicherung 50

3.3.2 Spekulations- und Arbitragegeschäfte 51

3.3.3 Originate – to – distribute – Strategie 53

4　Empirische Evidenz 55

4.1　Zuordnung Bankensystem 55

4.2　Indikatorenauswahl 58

4.2.1 Financial Development Indicator 59

4.2.2 Banksystemstabilitätsindikator 60

4.2.3 Z-score 61

4.2.4 Price-to-Rent-Ratio 62

4.2.5 Cost-Income-Ratio 63

4.2.6 Gemeinkosten/Aktiva 64

4.2.7 Gesamtkapitalrentabilität 65

4.2.8 Nettozinsspanne 66

4.2.9 Systemische Bankenkrisen 1970 bis 2009 67

5　Ergebnis 71

5.1　Überprüfen der Hypothesen 71

5.1.1 H1 Informationskosten 71

5.1.2 H2 Informationsqualität 71

5.1.3 H3 Informationsasymmetrie 72

5.1.4 H4 Stabilität 72

5.2　Kritik und Vorbehalte 73

Fazit und Ausblick **75**
Anhang **77**
Literatur- und Quellennachweise **93**

Abstract

Die vorliegende Studie untersucht die institutionelle Ausgestaltung von Bankensystemen. Mit Bezug auf die politische Diskussion, hinsichtlich der Trennung des klassischen Einlagen- und Kreditgeschäftes von den peripheren Geschäftsbereichen der Banken, wird versucht darzustellen, ob aus einer derartigen Trennung positive Effekte, hinsichtlich der Finanzmarktstabilität, abgeleitet werden können. Dazu werden zunächst die theoretischen Grundlagen erläutert, aus diesen Hypothesen formuliert und abschließend empirisch überprüft. Anhaltspunkte dafür, dass über eine gesetzliche Restriktion der Geschäftstätigkeit von Geschäftsbanken auf nationaler Ebene eine Stabilisierung oder Haftungsbeschränkung erreicht würde, konnten im Rahmen dieser Studie nicht gefunden werden

Abbildungsverzeichnis

Abb. 1: Verortung Prinzipal-Agent-Theorie 9

Abb. 2: Transaktionskostensenkende Wirkung durch Intermediation 13

Abb. 3: Aufbau Prinzipal-Agent-Modell 15

Abb. 4: Multiple Prinzipal-Agent-Beziehungen in Finanzsystemen 20

Abb. 5: Finanzmarktstruktur 27

Abb. 6: Idealisierte Aufbauorganisation einer Universalbank 31

Abb. 7: Finanzierungsformen von Unternehmen 32

Abb. 8: Vollkommener Kapitalmarkt 36

Abb. 9: Unvollkommener Kapitalmarkt 38

Abb. 10: Universalbankensystem 39

Abb. 11: Trennbankensystem 42

Abb. 12: Financial Development Index 2011 59

Abb. 13: Banksystemstabilitätsindikator 2011 60

Abb. 14: Z-score 1996-2001 61

Abb. 15: Price-to-Rent-Ratio 2012 63

Abb. 16: Cost-Income-Ratio 1992-2009 64

Abb. 17: Gemeinkosten/Aktiva 1992-2009 65

Abb. 18: Return on Assets 1992-2009 66

Abb. 19: Nettozinsspanne 1992-2009 67

Abb. 20: Relative Häufigkeit systemischer Bankenkrisen bis 2007 69

Abb. 21: Relative Häufigkeit systemischer Bankenkrisen bis 2009 70

Abb. 22: Daten FDI 2011 83

Abb. 23:	Daten Banksystemsstabilitätsindikator (2011)	84
Abb. 24:	Daten Z-score (1996-2001)	85
Abb. 25:	Daten Price-to-Rent-Ratio (2011)	86
Abb. 26:	Daten Cost-Income-Ratio (1992-2009)	87
Abb. 27:	Daten Gemeinkosten / Aktiva (1992-2009)	88
Abb. 28:	Daten Return on Assets (1992-2009)	89
Abb. 29:	Daten Nettozinsspanne (1992-2009)	90
Abb. 30:	Daten Systemische Bankenkrisen (1970-2007)	91
Abb. 31:	Daten Systemische Bankenkrisen (1970-2009)	92

Tabellenverzeichnis

Tabelle 1:	Merkmalsbeschreibung	36
Tabelle 2:	Merkmalsausprägung 1	37
Tabelle 3:	Merkmalsausprägung 2	39
Tabelle 4:	Merkmalsausprägung 3	41
Tabelle 5:	Merkmalsausprägung 4	44
Tabelle 6:	Staaten nach Bankensystem	57
Tabelle 7:	Datensatz Universalbankensysteme 1 von 3	77
Tabelle 8:	Datensatz Universalbankensysteme 2 von 3	78
Tabelle 9:	Datensatz Universalbankensysteme 3 von 3	79
Tabelle 10:	Datensatz Trennbankensysteme 1 von 3	80
Tabelle 11:	Datensatz Trennbankensysteme 2 von 3	81
Tabelle 12:	Datensatz Trennbankensysteme 3 von 3	82

Abkürzungsverzeichnis

Abb.	Abbildung
Bd.	Band
BIP	Bruttoinlandsprodukt
bspw.	beispielsweise
bzw.	beziehungsweise
CIR	Cost Income Ratio
c.p.	ceteris paribus
d.h.	das heißt
Ebd.	Ebenda
et al.	et alii – und andere
EMH	Effizienzmarkthypothese
EU	Europäische Union
f.	folgende
ff.	fortfolgende
FDI	Financial Development Indicator
FED	Federal Reserve Bank
FI	Finanzinstitution(en)
GB	Geschäftsbank(en)
H	Hypothese
HH	Haushalte
Hrsg.	Herausgeber
IB	Investmentbank(en)
i.d.R.	in der Regel
i.F.v.	in Form von
i.S.v.	im Sinne von
KMU	kleine und mittlere Unternehmen
NBFI	Nichtbank-Finanzinstitution(en)
NIÖ	Neue Institutionenökonomik
Nr.	Nummer
OECD	Organisation for Economic Co-operation and Development
o.g.	oben genannt (e, en)
PA	Prinzipal-Agent

ROA	Return-on-Assets
S.	Seite
SoFFin	Sonderfonds Finanzmarktstabilisierung
sog.	sogenannte (n, r, s)
SPV	Special Purpose Vehicle
TBS	Trennbankensystem
UBS	Universalbankensystem
USA	United States of America
UU	Unternehmen
u.a.	unter anderem
usw.	und so weiter
u.U.	unter Umständen
vgl.	vergleiche
Vol.	Volume
z. B.	zum Beispiel
z.T.	zum Teil
zzgl.	zuzüglich

After all, if rich, sophisticated investors want to lose their money by placing it with some mathematical whiz kids who think markets mimic their models, why should regulators intervene?[1]

Einleitung

Es müsse „[...] eine strenge Überwachung aller Bankgeschäfte, Kredite und Investitionen eingerichtet [...]" werden, um „[...] die Spekulationsgeschäfte mit anderer Leute Geld zu beenden [...]". Diese Maßnahmen forderte der neu gewählte US-Präsident *Franklin D. Roosevelt* in seiner Antrittsrede. Damit sollten die Vereinigten Staaten von Amerika 1933 aus der tiefgreifenden wirtschaftlichen Rezession befreit und neuen Finanzkrisen vorgebeugt werden. Noch im selben Jahr wurde vom amerikanischen Kongress der – vorgeblich im Interesse der Öffentlichkeit stehende – zweite *Glass-Steagall-Act* erlassen. Dieser sah eine institutionelle Abtrennung des Einlagen- vom Investmentgeschäft der Banken vor, womit ab diesem Zeitpunkt das Trennbankensystem in den USA eingeführt war.[2] Allen staatlichen Eingriffen zum Trotz, sollte die Wirtschaftskrise noch bis 1941 andauern und als *Great Depression* in die Geschichte eingehen.[3]

Fast achtzig Jahre später wurden, angesichts der 2007 einsetzenden Finanz- und Wirtschaftskrise, ähnliche Forderungen seitens der Politik laut. Das als hochriskant eingestufte Investmentgeschäft der Banken müsse gesetzlich von dem als sicher eingeschätzten traditionellen Einlagen- und Kreditgeschäft getrennt werden.[4] Konkret fanden diese Forderungen in Deutschland in Form von verschiedenen Anträgen der Oppositionsfraktionen im Deutschen Bundestag Ausdruck. So verlangte die Fraktion der SPD 2011 in ihren Anträgen, „[...] eine durchgreifende rechtliche, organisatorische und haftungsbezogene Trennung des hochriskanten Eigenhandelsgeschäfts in Investment- und Schattenbanken von dem für die Realwirtschaft wichtigen Kredit- und Einlagengeschäft der Geschäftsbanken [...]"[5] sowie ein „[...] Verbot hochspekulativer Geschäfte [...]".[6]

Die Fraktion BÜNDNIS90/DIE GRÜNEN forderte im selben Jahr, die Einsetzung einer fraktionsübergreifenden Kommission, welche die Realisierbarkeit eines

---

[1] Rajan (2005): 353.
[2] Vgl. Tabarrok (1998): 1.
[3] Roosevelt (1933): 3.
[4] Vgl. dazu z.B. Gabriel (2010) und Buchter (2011).
[5] SPD-Fraktion im Deutschen Bundestag (2011a): 2.
[6] SPD-Fraktion im Deutschen Bundestag (2011b): 3.

Trennsystems für Banken prüfen solle. Darüber hinaus müsse festgestellt werden, inwiefern für sog. systemrelevante Banken ein überproportionaler Kapital- und Liquiditätszuschlag geeignet wäre, damit die betroffenen Banken ihre Systemrelevanz aufgäben. Eine derartige Maßnahme käme der Abwicklung der existierenden Großbanken gleich.[7] Die Fraktion DIE LINKE ging 2010 noch einen Schritt weiter und forderte ein vollständiges Verbot des sog. *Over-The-Counter-Handels* sowie eine Verstaatlichung jener Banken, welche von staatlichen Rekapitalisierungsmaßnahmen betroffen waren.[8] Bis zu diesem Zeitpunkt hatte die Regierung bereits Maßnahmen ergriffen. Kurz nach Ausbruch der Finanzkrise richtete die deutsche Bundesregierung im Herbst 2008 den *Sonderfonds Finanzmarktstabilisierung (SoFFin)* ein. Durch staatliche Garantie bzw. Bürgschaften sollten in Schieflage geratene Kreditinstitute kurzfristig stabilisiert werden. Am 9. Dezember 2010 trat dann das *Gesetz zur Restrukturierung und geordneten Abwicklung von Kreditinstituten, zur Errichtung eines Restrukturierungsfonds für Kreditinstitute und zur Verlängerung der Verjährungsfrist der aktienrechtlichen Organhaftung* in Kraft. Es verfolgte den Zweck, mit staatlichen Mitteln systemrelevante Kreditinstitute zu stützen und negative Effekte für die Realwirtschaft abzuwenden.[9]

Gleichzeitig wurden in weiteren Ländern Maßnahmen ergriffen, die den jeweiligen Gesetzgebern geeignet erschienen, die Finanzkrise einzudämmen und zukünftigen Krisen durch eine erhöhte Finanzmarktstabilität vorzubeugen. So verabschiedete bspw. der US-amerikanische Kongress 2010 den *Dodd-Franck-Act*. Das Gesetz umfasst eine Vielzahl von ordnungspolitischen Eingriffen in den Finanzmarkt, u.a. die sog. *Volcker-Regel*. Benannt nach dem ehemaligen Vorsitzenden der Federal Reserve Bank, *Paul Volcker*, sollen Finanzinstitute zukünftig spekulative Geschäfte nur noch im direkten Kundenauftrag und nicht mehr in Form von Eigenhandel durchführen dürfen.[10]

In Großbritannien hingegen wurde eine Kommission eingesetzt, die ein Reformmodell für den Finanzsektor entwickeln sollte. Die sog. *Vickers-Commission* veröffentlichte ihre Ergebnisse im Jahr 2011. Die Kommission empfiehlt, im

---

[7] Vgl. BÜNDNIS 90/DIE GRÜNEN - Fraktion im Deutschen Bundestag (2011): 1f.
[8] Vgl. DIE LINKE-Fraktion im Deutschen Bundestag (2010): 2.
[9] Vgl. FSMA (2011).
[10] Vgl. Sachverständigenrat (2010): 154.

Rahmen eines *ring-fence-Ansatzes*, risikobehaftete Geschäftsbereiche von Kernbereichen in einer Bank intra-organisationell zu trennen, um eine mögliche Ansteckung der Geschäftsbereiche, beim Auftreten von Schocks im Kreditgeschäft, untereinander zu verhindern.[11] Anhand dieser Beispiele zeigt sich die länderübergreifende Bereitschaft der jeweiligen Gesetzgeber, das ursprünglich etablierte Finanzsystem in ihren Einflussbereichen durch ordnungspolitische Eingriffe grundlegend umzugestalten.

Problemstellung

Ziel dieser Studie soll es daher sein, abschließend Aussagen darüber treffen zu können, ob aus einer regulatorischen Trennung des klassischen Einlagen- und Kreditgeschäftes von den peripheren Geschäftsbereichen eine höhere Stabilität des Bankensystems abgeleitet werden kann. In *Abschnitt 1* werden zunächst die notwendigen theoretischen Grundlagen erarbeitet. Der neoklassischen Effizienzmarkthypothese werden der Transaktionskostenansatz sowie der Prinzipal-Agent-Ansatz der Neuen Institutionenökonomik gegenübergestellt. Daran soll verdeutlicht werden, welche Bedeutung Banken allgemein unter der Annahme unvollkommener Märkte und unvollständiger Information zukommt. Ebenso wird gezeigt, wie aus der Interaktion der Marktakteure aufgrund von Informationsasymmetrie Negativanreize resultieren können, die Anomalien begünstigen und das Finanzsystem tendenziell destabilisieren.

Abschnitt 2 stellt, vor dem Hintergrund der im vorhergehenden Abschnitt gewonnenen Erkenntnisse über Finanzsysteme an sich, die möglichen Ausgestaltungsformen von Bank- und Finanzsystemen dar. Aus der theoretischen Konstruktion von Universal- und Trennbankensystemen werden abschließend Hypothesen formuliert, anhand deren Prüfung im weiteren Verlauf Erkenntnisse zur Beantwortung der Ausgangsfrage gewonnen werden sollen.

In *Abschnitt 3* wird zunächst, in Form eines Exkurses, die internationale Finanzmarktarchitektur vorgestellt und die Eigenschaft der Finanzmarktstabilität als öffentliches Gut hervorgehoben. In *Abschnitt 4* wird versucht, die bis dahin ge-

---

[11] Vgl. ICB (2011): 35. Bonn (1998) weist darauf hin, dass Bankenkrisen der neueren Zeit (80er/90er Jahre) i.d.R. nicht mehr durch Liquiditätsschocks, sondern vielmehr durch Probleme im Kreditgeschäft ausgelöst werden. Vgl. dazu ebd.: 35.

wonnenen Erkenntnisse anhand geeignet erscheinender Merkmale empirisch nachzuvollziehen. Dazu werden Länder gemäß ihrer jeweiligen Bankensysteme miteinander verglichen. In *Abschnitt 5* werden die zuvor formulierten Hypothesen überprüft, interpretiert und die Ergebnisse zusammengefasst. Zusätzlich erfolgt eine kritische Auseinandersetzung mit der Studie, in welcher Schwächen, Vorbehalte und alternative Herangehensweisen an die Thematik aufgezeigt werden. Die Studie schließt mit einem Fazit sowie einem Ausblick.

1 Zur volkswirtschaftlichen Bedeutung von Banken

Ziel des ersten Abschnittes ist es, die Frage zu beantworten, wie die Existenz von Finanzinstitutionen wirtschaftstheoretisch begründet werden kann und welche Rolle sie in einer marktwirtschaftlich organisierten Volkswirtschaft einnehmen. Dazu wird nachfolgend zunächst der Ansatz der neoklassischen Effizienzmarkthypothese (EMH) für Kapitalmärkte dargestellt. In Abgrenzung dazu, wird anschließend anhand des Transaktionskostenansatzes und der Prinzipal-Agent-Theorie der Neuen Institutionenökonomik gezeigt, wie von der *first-best-Lösung* der EMH abweichende Marktergebnisse aus der Interaktion der Marktakteure erklärt werden können.

1.1 Neoklassischer Ansatz der Effizienzmarkthypothese

Die grundlegende Arbeit zu effizienten Kapitalmärkten veröffentlichte *Eugene Fama* im Jahr 1970.[12] *Fama* führt darin aus, dass ideale Kapitalmärkte in dem Moment als effizient angesehen werden können, wenn in den Preisen der gehandelten Wertpapiere sämtliche verfügbaren Informationen der Kapitalanbieter abgebildet sind.[13] Er übernimmt damit die strengen Annahmen der neoklassischen Theorie von perfekten Märkten. Auf perfekten Märkten handeln alle Wirtschaftssubjekte unabhängig voneinander, streng rational, sind Nutzenmaximierer und besitzen identische Präferenzen. Vor allem aber, treffen sie ihre Entscheidungen unter der Prämisse vollständiger Information. Das heißt, alle Marktteilnehmer verfügen über sämtliche vorhandenen Informationen, nehmen sie gleichzeitig auf und interpretieren sie identisch. Auf dieser Grundlage bilden sie gleiche Erwartungen über die Zukunft.

Daraus folgt, dass der gegenwärtige Preis eines Wertpapiers der abdiskontierten Erwartung aller Marktteilnehmer über die Wertentwicklung entspricht. Wenn die Wertentwicklung von allen Marktteilnehmern gleich erwartet wird, kann kein Akteur mit seiner Investition eine Rendite oberhalb der durchschnittlichen Marktrendite erzielen. Der Gleichgewichtspreis ist dann das Ergebnis von Tauschhandlungen, die ausschließlich zur Wertermittlung getätigt werden. Ein weiterer Handel käme nicht zustande.

---

[12] Vgl. Yusupov (2006): 115.
[13] Ebd.

Aus der Informationseffizienz folgt, dass kein Marktakteur über einen Informationsvorsprung verfügt, welchen er in seine Anlageentscheidungen einfließen lassen könnte.[14] Neue Informationen würden sich unmittelbar in einem neuen Gleichgewichtspreis ausdrücken. *Fama* unterscheidet anhand seiner empirischen Ergebnisse drei Formen der Effizienz von Informationen auf Kapitalmärkten. Im Falle *strenger Effizienz* sind alle relevanten Informationen im Marktpreis abgebildet. Kein Akteur verfügt über zusätzliche Informationen, auf deren Basis er eine Rendite über der durchschnittlichen Marktrendite erzielen könnte. Bei *semistrenger Informationseffizienz* hingegen, wären nicht mehr alle relevanten Informationen die Basis der Preisbildung. In diesem Falle flössen ausschließlich die für alle Marktteilnehmer öffentlich zugänglichen Informationen in die Preisbildung mit ein. Ausgeschlossen wären individuelle (relevante) Informationen, wie bspw. Insiderwissen. Weil individuelle Akteure aber keinen Einfluss auf die Fundamentalbewertung durch die Masse der restlichen Anleger haben, könnte selbst durch diesen Informationsvorsprung keine überdurchschnittliche Marktrendite erzielt werden. Im Fall von *schwacher Informationseffizienz* würden die Erwartungen über Wertentwicklungen ausschließlich auf der Grundlage der vorhergehenden Kursentwicklung gebildet. Die Preisbildung folgt dabei einer zufälligen Bewegung, dem *random-walk*. Diese Bewegung entsteht aus der Beobachtung der vergangenen Kurse, ihrer erwarteten zukünftigen Wertentwicklung sowie einer Zufallsvariablen.[15]

Der *random-walk-Ansatz* ist weithin akzeptiert, um Kursentwicklungen an den Kapitalmärkten zu erklären. Das Einpreisen von neuen Informationen erfolgt unmittelbar. Das bedeutet jedoch, dass es theoretisch zu keinen größeren Verwerfungen an Kapitalmärkten, wie der massiven Über- oder Unterbewertung von Wertpapieren, kommen kann. So hätte gerade der Fortschritt im Bereich der Informationstechnologie, der es mehr Marktakteuren möglich macht, in die Kapitalmärkte einzutreten, zur Bestätigung des neoklassischen Paradigmas beigetragen. Durch die damit einhergehende Diversifizierung würde ein Vollkommenheitsgrad des Marktes erreicht, der immer mehr dem theoretisch konstruierten, perfekten Markt entspräche.[16]

---

[14] Vgl. Daxhammer (2004): 5 ff. und Mestmäcker (2011): 24 f.
[15] Vgl. Fama (1970): 388.
[16] Vgl. Caciolli/Marsili (2010): 1.

Kapitalmärkte an sich können demnach unterschiedliche Grade von Effizienz aufweisen. Wenn sie effizient sind, sind sie es jedoch immer für alle Marktteilnehmer gleichermaßen, im Sinne vollständiger Information. Damit entsprechen perfekte Märkte der *first-best-Lösung*, bezogen auf die Allokation von Kapital.[17] Von Vertretern der EMH, wie bspw. *Malkiel (2003)*, wird zwar eingeräumt, dass es Phasen der kollektiven, fehlerhaften Erwartungsbildung gibt, diese aber nur die Ausnahme von der Regel darstellen würden.[18] Kritiker neoklassischer Modelle argumentieren dagegen, dass die Annahmen per se unrealistisch sind. In Kombination mit dem statisch-mathematischen Charakter neoklassischer Modelle seien Phänomene auf Kapitalmärkten, welche aus der Fehlallokation von Kapital resultieren, nicht oder nur unzureichend erklärbar.[19]

Aus der Annahme vollständiger Information folgt zudem, dass aus jeglicher Wirtschaftsaktivität keine Transaktionskosten für die Marktteilnehmer entstehen. Das bedeutet, dass die konkrete Ausgestaltung eines Finanzsystems als unerheblich angesehen wird, also die Irrelevanzvermutung gilt.[20] In einer transaktionskostenlosen Welt wären Finanzinstitutionen überflüssig, da die Koordination von Kapitalangebot und Kapitalnachfrage unmittelbar stattfände.[21] Insofern jedoch Fehlentwicklungen im Zusammenhang mit der Allokation von Kapital auftreten, liegt die Problemquelle ganz offensichtlich im Finanzsystem bzw. in seiner institutionellen Ausgestaltung. Kritiker neoklassischer Modelle, wie bspw. *Minsky*, lehnen daher die Herangehensweise an Anomalien auf Kapitalmärkten mittels der neoklassischen Theorie aus o.g. Gründen generell ab.[22] Geeigneter erscheinen ihnen alternative Ansätze, welche die Irrelevanzvermutung, hinsichtlich der Ausgestaltung des Finanzsystems, verwerfen. Diese Ansätze gehen von der Annahme unvollkommener Märkte, somit unvollständiger Information und Informationsasymmetrien, aus.

---

[17] Vgl. Caccioli/Marsili (2010): 2.
[18] Vgl. ebd.: 80.
[19] Vgl. Kerbl (2011): 2.
[20] Vgl. Hackethal/Schmidt (2000): 1.
[21] Vgl. Hackethal (2000b): 47.
[22] Vgl. Minsky zitiert in Wray (2010): 4.

1.2 Ansatz der Neuen Institutionenökonomik

Bereits im Vorfeld der 2007 einsetzenden Finanz- und Wirtschaftskrise wurden aus multiplen *moral-hazard-Problemen* resultierende, systemische Risiken genannt. Inzwischen haben verschiedene wissenschaftliche Arbeiten diese als gewichtige Teilursache weiter herausgearbeitet.[23] In Abgrenzung zu neoklassischen Modellen werden in der Neuen Institutionenökonomik (NIÖ) die institutionalisierten Beziehungen zwischen Wirtschaftssubjekten untersucht. Dabei wird die Annahme einer transaktionskostenlosen Welt verworfen. Die Märkte sind in diesem Theorierahmen nicht vollkommen und Informationen sind nicht kostenlos verfügbar oder gar vollständig.[24] *Summer (2009)* weist im Zusammenhang mit der Finanzkrise 2007/2008 darauf hin, dass Marktungleichgewichte auf kollektives Handeln der Marktteilnehmer zurückgeführt werden können und nicht grundsätzlich aus externen, unerklärbaren Schocks resultieren.[25]

Im Risiko drückt sich die Erwartungsunsicherheit hinsichtlich des Erfolges einer Investition aus, wie stark ein zukünftiges Ergebnis nach einer bestimmten Periode vom erwarteten Zielwert abweichen kann.[26] Die ex ante Bestimmung von diesen Risiken, auf deren Grundlage schließlich Investitionsentscheidungen, im Sinne des neoklassischen *random-walk-Ansatzes,* gefällt werden, erfolgt durch Modelle, deren Basis die Gesetze der Wahrscheinlichkeitsrechnung sind.[27] Das heißt, die Einschätzung eines erwarteten Risikos beruht auf der Verteilung vergangener Ereignisse. Es wird davon ausgegangen, dass zukünftige Ereignisse mit etwa der gleichen Wahrscheinlichkeit auftreten. Eine derartige Annahme von normalverteilten Risiken, i.S.v. Erwartungsunsicherheiten, kann die tendenzielle Unterbewertung von Extremrisiken begünstigen.[28] Weil die Bewertungsgrundlage exogen gegeben ist, erlaubt sie keine Rückschlüsse auf die Entwicklung, die aus der tatsächlichen Interaktion der Marktteilnehmer entsteht.

Die Interaktionen sind jedoch endogen und müssten daher als potentielle Quelle von Kapitalmarktanomalien bei der Bewertung berücksichtigt werden.[29] Die Neue

---
[23] Vgl. dazu z.B. Knothe (2011): 228; Faia (2010): 6; Kaserer (2008); ECB (2008) oder bereits 2004 White, zitiert in Blattner (2006): 8.
[24] Vgl. Perridon/Steiner (2007): 522.
[25] Vgl. ebd.: 92 f.
[26] Vgl. Johannig (2011a): 206.
[27] Vgl. Chiarella (1992): 1f.
[28] Vgl. Knothe (2011): 232.
[29] Vgl. ebd.: 92 ff.

Institutionenökonomik bietet Erklärungsansätze für derartige Phänomene, welche aus der Interaktion der Marktteilnehmer entstehen können. Dazu wird im Weiteren zunächst kurz der Transaktionskostenansatz der NIÖ dargestellt. Es soll gezeigt werden, welche Funktion Banken, unter der Annahme unvollkommener Kapitalmärkte und unvollständiger Information, zukommt. Im Anschluss wird der Zweig des Prinzipal-Agent-Ansatzes in der NIÖ betrachtet *(vgl. Abb. 4)*. Ziel ist es, Erkenntnisse darüber zu erlangen, unter welchen Umständen es durch *moral hazard* und *adverse Selektion* zu Abweichungen von der *first-best-Lösung* bei vollkommenen Kapitalmärkten, im Sinne der neoklassischen Kapitalmarkttheorie, kommen kann.

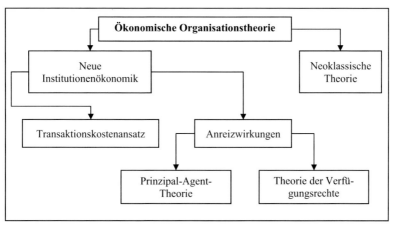

Abb. 1: **Verortung Prinzipal-Agent-Theorie**
(Eigene Darstellung nach Perridon/Steiner (2007): 522 und Kleine (1995): 24.)

1.2.1 Transaktionskostenansatz

Während auf vollkommenen Märkten die tatsächliche Tauschhandlung ohne Aufwendung von Transaktionskosten abgewickelt wird, ist auf unvollkommenen Märkten dieser Prozess mit Kosten für die Wirtschaftssubjekte verbunden. *Picot (1982)* definiert sie als sämtliche Kosten, die im Zusammenhang mit der Koordinierung der wirtschaftlichen Leistungsbeziehung stehen.[30]

Sie lassen sich, in Anlehnung an den Ablauf einer Transaktion, wie folgt unterteilen: 1.) Im Vorfeld einer beabsichtigten Transaktion entstehen Informationskosten aus der Suche nach einem geeigneten Transaktionspartner. 2.) Ist dieser gefunden, entstehen aus der konkreten Aushandlung des zu tätigenden Geschäftes, hinsicht-

---
[30] Vgl. ebd.: 270.

lich Art, Dauer, Umfang usw., Vereinbarungskosten. 3.) Nach Einigung und Vertragsabschluss fallen Kontrollkosten, hinsichtlich der Einhaltung der vereinbarten Transaktion, an. 4.) Sind durch die Kontrolle aufgedeckte Anpassungen, im Sinne der Vertragserfüllung, notwendig, werden die daraus resultierenden Kosten ebenfalls zu den Transaktionskosten gezählt.[31] Diese Annahmen können auf den Kapitalmarkt übertragen werden:

1.2.1.1 Haushalte

Die Haushalte (HH) bilden zunächst Kapital aus Ersparnissen, die sie auf den Kapitalmärkten anbieten. Die Ersparnisse können als in die Zukunft verlagerter Konsum beschrieben werden. Der gegenwärtige Verzicht bzw. die Nichtkonsumption des Kapitals entspricht der abdiskontierten Erwartung über die Renditeentwicklung und dem damit potentiell möglichen, zukünftigen Konsum. Die Ersparnisse dienen damit als Absicherung vor Kursverlusten und werden aus dem Spekulationsmotiv zur Werterhaltung gehalten.[32] Dabei unterscheiden sich die Präferenzen der Haushalte hinsichtlich Risikoneigung und Anlagedauer. Ebenso variieren die Kapitalvolumina der einzelnen Haushalte.

Unter der Annahme perfekter Märkte und vollständiger Information, würden die Haushalte ohne Aufwendung von Transaktionskosten ihre Ersparnisse unmittelbar am Kapitalmarkt anbieten. Ausgehend von unvollkommenen Märkten und Informationsasymmetrie, wäre dies jedoch nicht ohne Weiteres möglich. Es müssten im Vorfeld des Kapitalmarktgeschäftes zunächst Transaktionskosten, in Form von Such- und Informationskosten, aufgewendet werden. Würden diese die erwartete Rendite hinreichend hoch vermindern oder übersteigen, wäre das Marktergebnis infolgedessen entweder höchst ineffizient bzw. es käme im äußersten Fall zu keiner Koordination von Angebot und Nachfrage, was einem Versagen des Marktes gleichkäme.[33]

1.2.1.2 Unternehmen

Die Gegenposition zu den Haushalten bilden auf Kapitalmärkten die Unternehmen (UU). Sie fragen Kapital als Produktionsfaktor zu Investitionszwecken

---

[31] Vgl. Picot (1982): 270 f.
[32] Vgl. Cezanne (2005): 392 und 397.
[33] Vgl. OECD (2011): 9.

nach.³⁴ Unter der Annahme perfekter Märkte und vollständiger Information, müssten sie, wie die Haushalte, keine Transaktionskosten aufwenden, um am Kapitalmarkt Kredite aufnehmen zu können. Wird hingegen ein unvollkommener Kapitalmarkt angenommen, kann die *first-best-Lösung* nicht mehr realisiert werden. So könnte bspw. eine relativ großvolumige (Losgrößentransformation), langfristige (Fristentransformation), weniger riskante (Risikotransformation) Investitionskapitalnachfrage nicht ohne Weiteres eine entsprechende Gegenposition am Markt finden. Der Prozess wäre mit hohen Such- und Informationskosten verbunden. Wie für die Haushalte gilt für die Unternehmen, dass die Investition infolge hoher Transaktionskosten entweder ineffizient wäre bzw. bei prohibitiv hohen Transaktionskosten nicht getätigt würde, weil diese die aus der Investition erwartete Rendite überstiege.³⁵

1.2.1.3 Intermediäre

Der unmittelbare Austausch zwischen Kapitalnachfragern und -anbietern kann folglich, bei Vorliegen von unvollständigen Märkten sowie unvollständiger Information, als nicht effizient verworfen werden. Daher wird nachfolgend gezeigt, wie die beschriebenen wohlfahrtsmindernden Effekte aus der Unvollkommenheit von Kapitalmärkten verringert werden können. Durch das Zwischenschalten eines weiteren Akteurs, wie einer Bank, wird der Markttausch ermöglicht bzw. effizienter gestaltet. Unter Banken werden umgangssprachlich solche Unternehmen verstanden, die Bankgeschäfte betreiben.³⁶ Für das Beispiel der Bundesrepublik Deutschland sind Bankgeschäfte in § 1 Kreditwesensgesetz gesetzlich definiert. Zu ihnen gehören u.a. die Annahme fremder Gelder (Einlagengeschäft) und die Gewährung von Gelddarlehen und Akzeptkrediten.³⁷

Unabhängig von der spezifischen Ausgestaltung des betrachteten Finanz- bzw. Bankensystems, übernehmen Banken als Vermittler die Funktion der Intermediation zwischen den Haushalten als Anbieter und den Unternehmen als Nachfrager von Kapital. Die Allokation des Kapitals findet also – im Gegensatz zu dem in *1.1* dargestellten neoklassischen Ansatz der EMH – nicht direkt statt. Die Intermediationsfunktion besteht im transaktionskostensenkenden Abbau von Marktunvoll-

---

³⁴ Vgl. Cezanne (2005): 191 f.
³⁵ Vgl. Hackethal (2000b): 48.
³⁶ Vgl. Schneck (2005): 95 f.
³⁷ Vgl. Schneck (2005): 95 f. und 100 f.

kommenheiten zwischen den Akteuren, Haushalte und Unternehmen, durch Banken.[38] Sie wandeln die unterschiedlichen Präferenzen von Anbietern und Nachfragern von Kapital in marktkonforme, besser handelbare Produkte und Dienstleistungen um. Aus dieser Tätigkeit erzielen die Banken selbst eine Marktrente. Ermöglicht wird dies durch komparative Vorteile, welche die Intermediäre gegenüber einer reinen Marktlösung realisieren können. Je besser es den Intermediären – hier Banken – gelingt, Angebot und Nachfrage, hinsichtlich der Losgrößen-, Fristen- und Risikotransformation zusammenzuführen, desto eher entspricht das Ergebnis einer wohlfahrtsoptimalen Lösung für die daran beteiligten Akteure.[39]

Abbildung 2 verdeutlicht vereinfacht diesen Zusammenhang anhand von Kontakten zwischen Kapitalanbietern und Kapitalnachfragern. Unter den neoklassischen Annahmen vollkommener Märkte und vollständiger Information träfen in der *first-best-Lösung* Angebot und Nachfrage direkt aufeinander. Die dazu notwendigen Kontakte entsprächen demnach der Anzahl der Kapitalanbieter bzw. Kapitalnachfrager. So sind in diesem Beispiel vier Kontakte zur Allokation notwendig. Werden unvollkommene Märkte, mit unvollständiger Information und ohne intermediierende Institution, angenommen, vervielfachen sich die notwendigen Kontakte zum Marktaustausch. Diese hier sechzehn möglichen Kontakte entsprechen den Transaktionskosten i.S.v. Such- und Informationskosten vor einer potentiellen Transaktion. Sie müssten aufgewandt werden, um Angebot und Nachfrage von Kapital, bezogen auf Losgröße, Fristen und Risiko, zu koordinieren.

---

[38] Vgl. Faia (2010): 2 und Hackethal (2000b): 47.
[39] Vgl. Rehm (2008a): 154 f.

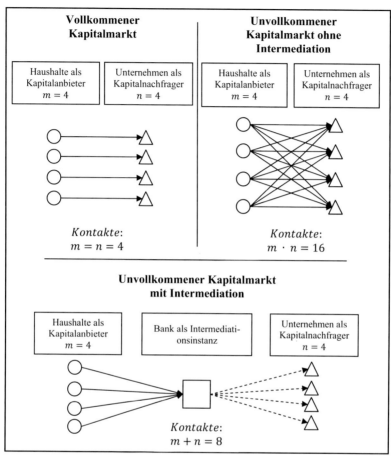

Abb. 2: Transaktionskostensenkende Wirkung durch Intermediation
(Eigene Darstellung in Anlehnung an Bonn (1998): 48.)

Wird in diesem Marktprozess eine Intermediationsinstanz – hier in Form einer Bank – zwischengeschaltet, verringern sich die notwendigen Kontakte auf acht. Somit sinken c.p. die aufzuwendenden Transaktionskosten um die Hälfte. Dieses Ergebnis entspricht zwar nicht der *first-best-Lösung* vollkommener Märkte, jedoch stellt es eine signifikante Verbesserung im Vergleich zum Ergebnis unvollkommener Märkte ohne Intermediation dar. Den Banken kann somit allgemein eine wohlfahrtssteigernde Wirkung durch Finanzintermediation zugeschrieben werden.[40]

---

[40] Vgl. dazu z.B. Hasman et al. (2010): 16.

Anhand der neoinstitutionenökonomischen Prinzipal-Agent-Theorie lassen sich die oben dargestellten Marktbeziehungen der Akteure Kapitaleinleger, Finanzintermediär und Kapitalnachfrager folgendermaßen darstellen:

1.2.2 Grundlagen der Prinzipal-Agent-Theorie

Die Kernfrage der Prinzipal-Agent-Theorie (PA-Theorie) lautet, wie die vertraglichen Beziehungen zwischen Auftraggebern (Prinzipalen) und Auftragnehmern (Agenten) institutionell ausgestaltet sein müssen, um für alle Beteiligten ein nutzenmaximierendes Ergebnis, im Sinne der Vertragserfüllung, zu erhalten.[41] In einer Welt ohne Transaktionskosten und vollständiger Information könnte der Prinzipal sämtliche Handlungen der Agenten kostenlos beobachten. Um die für den Prinzipal nutzenmaximierende Erfüllung eines Vertrages durchzusetzen, würde er den Agenten die Handlungen direkt vorschreiben.[42] Im Falle asymmetrischer Informationen, kann der Prinzipal dies nicht. Die vollständige Überwachung der Agenten wäre mit Kosten verbunden, die über dem Erlös aus der Auftragserfüllung lägen. Des Weiteren wird davon ausgegangen, dass jeder Agent in erster Linie opportunistisch handelt und seinen eigenen Nutzen maximiert.

Der Prinzipal kann vor der Auftragsvergabe und während der Auftragserfüllung nicht überwachen, mit welchem Einsatz und mit welcher Qualität ein Agent eine vertraglich vereinbarte Leistung erbringen wird bzw. erbringt. Zwischen den Vertragspartnern besteht also eine Asymmetrie, hinsichtlich der Informationsverteilung, wobei der Agent i.d.R. einen Informationsvorsprung besitzt.[43] Daraus folgt, dass die besser informierten Agenten individuell rational gegen die Interessen ihrer Auftraggeber handeln, wenn der dadurch erzielbare Nutzen für sie über dem Nutzen der Entlohnung für eine vereinbarte Leistung durch den Prinzipal liegt. Der dieser Entscheidungssituation innewohnende Interessenkonflikt, wird als *moral hazard* – als moralisches Risiko – bezeichnet und nachfolgend näher erläutert. Die individuell rationalen und legitimen Interessen der Agenten stehen im Widerspruch zu den Präferenzen der Auftraggeber.

Auch wenn der Begriff *Moral* im ursprünglichen Sinne eine normative Wertung impliziert, ist die Interpretation des Verhaltens als per se negativ falsch. Erst der

---

[41] Vgl. Schneck (2005): 814.
[42] Vgl. Kleine (1995): 32 f.
[43] Vgl. Bonn (1998): 43.

institutionelle Rahmen ermöglicht bzw. begünstigt ein solches Verhalten zum Nachteil der Auftraggeber. Ein externes Eingreifen in die Vertragsgestaltung ist dann zu rechtfertigen, wenn daraus ein höherer Gesamtnutzen folgt.[44]

Die Ausgangsposition der PA-Theorie lässt sich somit wie folgt zusammenfassen: 1.) Ein oder mehrere Auftraggeber (Prinzipale) beauftragen einen oder mehrere Auftragnehmer (Agenten) eine Leistung zu erbringen, für die die Agenten entlohnt werden. 2.) Die Agenten handeln opportunistisch und sind individuelle Nutzenmaximierer. Daraus folgt, dass die Agenten gegen die Interessen der Prinzipale handeln, wenn der daraus resultierende Nutzen über dem Nutzenniveau liegt, welchen sie aus der Vertragserfüllung im Sinne der Prinzipale erreichen könnten. 3.) Der Agent bzw. die Agenten besitzen einen Informationsvorsprung vor den Prinzipalen, hinsichtlich des Arbeitseinsatzes und der Qualität der zu erbringenden Leistung. 4.) Durch diese Informationsasymmetrien können Arbeitseinsatz und Qualität von den Prinzipalen vor Vertragsabschluss sowie während und nach der Vertragserfüllung nicht vollständig beobachtet werden *(vgl. Abb. 3)*.

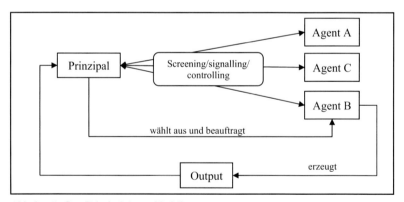

Abb. 3: **Aufbau Prinzipal-Agent-Modell**
(Eigene Darstellung)

1.2.2.1 Verborgene Eigenschaften

Es können demnach aus der Interaktion von Prinzipalen und Agenten Koordinationsprobleme aufgrund der unterschiedlichen Verteilung von Informationen auftreten. Hat der Prinzipal keine Kenntnisse über die Fähigkeiten und Eigenschaften

---

[44] Vgl. dazu z.B. OECD (2011): 20.

der Agenten aus denen er wählen kann, ist ihm eine genaue ex ante Beurteilung darüber, ob und in welcher Form die Agenten einen Auftrag erfüllen würden, nicht möglich. Es lassen sich also zwei Interessenkonflikte abgrenzen: Solche, die vor und solche, die nach Vertragsabschluss auftreten können. Im Weiteren wird gezeigt, wie es vor Vertragsabschluss zur Negativauslese von Agenten – der *adversen Selektion* – kommen kann. Anschließend wird die Anreizproblematik von verborgenen Handlungen, in Form des oben bereits genannten *moral hazard*, nach Vertragsabschluss dargestellt.

1.2.2.2 Adverse Selektion

Akerlof (1970) zeigt in seinem Aufsatz *The Market for „Lemons"*, am Beispiel eines Marktes für Gebrauchtwagen, wie es durch Informationsasymmetrien zu Verdrängungseffekten kommen kann.[45] Er unterscheidet dabei qualitativ gute Gebrauchtwagen (peaches) von qualitativ schlechten Gebrauchtwagen (lemons). Die Informationsasymmetrie resultiert in dieser Situation daraus, dass ein potentieller Käufer als Prinzipal nicht unterscheiden kann, ob er einen guten oder schlechten Gebrauchtwagen vor sich hat. Jedoch weiß er, dass allgemein Fahrzeuge guter und schlechter Qualität auf dem Markt angeboten werden. Der Verkäufer hingegen, kann den Wert des von ihm angebotenen Fahrzeuges genau einschätzen und besitzt somit einen Informationsvorsprung vor dem potentiellen Käufer. Der Käufer antizipiert diesen Umstand und wählt einen Reservationspreis, der zwischen dem Preis liegt, den er maximal bereit wäre für einen Gebrauchtwagen schlechter Qualität und einem Gebrauchtwagen guter Qualität zu zahlen. Dieser Preis liegt über dem Preis, den die Verkäufer von Fahrzeugen mit schlechter Qualität mindestens verlangen würden. Die schlechten Fahrzeuge verbleiben also am Markt. Die Anbieter von Fahrzeugen guter Qualität wären jedoch nicht bereit, ihre Fahrzeuge zu diesem Preis zu verkaufen, da er unter dem Preis liegt, den die Verkäufer mindestens aufrufen würden.

Die Anbieter von Gebrauchtwagen guter Qualität würden infolgedessen den Markt verlassen und es würden durch die *adverse Selektion* nur noch Gebrauchtwagen schlechter Qualität angeboten. Zusammenfassend kann festgehalten wer-

---

[45] Vgl. ebd.: 488 ff.

den, dass diejenigen Akteure, die von einem Markttausch am meisten profitieren, diesen auch mit dem meisten Nachdruck verfolgen werden.[46]

1.2.2.3 Hidden action

Im Fall von verborgenen Handlungen bzw. *hidden action* wird angenommen, dass der Prinzipal die Handlungen des Agenten *nach* Abschluss des Vertrages nicht mehr beobachten kann. Obwohl er die Transformationsbeziehung zwischen den Inputfaktoren und dem Output kennt, kann er weder aus der Beziehung, noch aus dem realisierten Output darauf schließen, welchen Arbeitseinsatz der Agent tatsächlich geleistet hat. In dieser Situation besteht ein Anreiz für den Agenten, seinen Arbeitseinsatz zu reduzieren. Der Nutzen des Agenten wird dabei erhöht, während der Nutzen des Prinzipals aufgrund der schlechteren Auftragserfüllung relativ zu einer optimalen Lösung sinkt. Der Prinzipal kann dieses Problem vor Vertragsabschluss antizipieren. Er wird dann versuchen, den Vertrag in einer Form zu gestalten, durch welche der Agent die für den Prinzipal günstige Strategie – in diesem Fall den maximalen Arbeitseinsatz – wählt.[47]

Ein solcher Vertrag muss also gewährleisten, dass der intrinsische Anreiz des Agenten seinen Nutzen zu maximieren an eine beobachtbare Variable gekoppelt wird. Vereinbart er eine Entlohnung, die sich an der Höhe des Outputs orientiert, wird der Agent seinen Arbeitseinsatz so wählen, dass er seinen Nutzen maximiert. Dieser Punkt wird, unter der Annahme, dass der Agent seinen Nutzen mit seinem Einkommen steigert, dem maximal möglichen Output entsprechen. Damit läge das Ergebnis über dem Niveau, welches im Falle einer fixen Entlohnung realisiert würde.[48]

1.2.2.4 Moral hazard und adverse Selektion

Beide geschilderte Phänomene können nebeneinander auftreten und zu Marktanomalien führen.

In der Literatur wird dies zumeist am Beispiel des Versicherungsmarktes verdeutlicht.[49] Dabei wird angenommen, dass ein Versicherer die Eintrittswahrscheinlichkeit eines bestimmten Versicherungsfalles über eine repräsentative Grundgesamt-

---

[46] Vgl. Lachmann (2004): 319.
[47] Vgl. Kleine (1995): 34 f.
[48] Vgl. Wöhe (2002): 69 f.
[49] Vgl. Kleine (1995): 44.

heit von Versicherungsnehmern schätzen kann. Er kann zwischen solchen, mit einer geringen Wahrscheinlichkeit des Eintrittes eines Versicherungsfalles (guten Risiken) und solchen, mit einer hohen Wahrscheinlichkeit des Eintrittes eines Versicherungsfalles (schlechte Risiken) unterscheiden. Darauf basierend würde er Versicherungen zu dem Preis anbieten, der im Mittelwert alle Versicherungsfälle absichert. Es bestehen jedoch im individuellen Fall Informationsasymmetrien über die tatsächlichen Eintrittswahrscheinlichkeiten. Die potentiellen Versicherungsnehmer können vor Vertragsabschluss einschätzen, ob sie selbst eher ein gutes oder ein schlechtes Risiko darstellen. Zusätzlich besteht für Versicherungsnehmer mit tendenziell schlechterem Risiko ein Anreiz, ihre wahren Eigenschaften zu verschleiern. Der Preis für die Versicherung läge für die guten Risiken jedoch über dem Preis, den sie maximal zu zahlen bereit wären.

Verdeutlicht werden kann dies daran, wenn angenommen wird, dass eine Versicherungsprämie dem abdiskontierten Wert eines Versicherungsfalles, gewichtet mit seiner Eintrittswahrscheinlichkeit, darstellt. Im Gegensatz dazu, läge der Preis für schlechte Risiken unter dem, der gezahlt werden müsste, wenn ein (unversicherter) Schadensfall eintritt. Wie auf dem Gebrauchtwagenmarkt von *Akerlof*, könnten Verdrängungseffekte durch *adverse Selektion* beobachtet werden. Die guten Risiken verließen den Markt und die schlechten würden am Markt verbleiben. Infolgedessen käme kein Versicherungsmarkt zustande bzw. würden die Versicherer versuchen, schlechte Risiken vor Vertragsabschluss zu erkennen und diesen einen Vertrag anbieten, der ihrer Risikostruktur entspräche. In diesem Falle würden ausschließlich die als gute Risiken eingeschätzten Versicherungsnehmer versichert werden. Für die schlechten Risiken wäre die zu zahlende individuelle Prämie, für die ihnen ein Vertrag angeboten würde, prohibitiv hoch. Dies entspräche eher einer Marktlösung, steht jedoch im Widerspruch zu wohlfahrtstheoretischen Überlegungen, weswegen staatliche Eingriffe in diesem Bereich i. d. R. befürwortet werden.[50]

Neben der *adversen Selektion*, ergeben sich jedoch auch *moral-hazard-Anreize* für die Versicherungsnehmer nach Vertragsabschluss, unabhängig ihres spezifischen Risikos. So wäre es individuell nutzenmaximierend, einen Versicherungsfall bewusst herbeizuführen. Der Nutzen aus einer Versicherungszahlung läge über

---

[50] Vgl. Lachmann (2004): 174 f.

dem Nutzen der Absicherung gegen ein ungewisses Risiko und über dem Preis der individuellen Beiträge. Antizipieren die Versicherer diesen Anreiz der Agenten, werden sie den Preis so wählen, dass diese Fälle umgelegt von allen Versicherungsnehmern getragen werden. Das dadurch realisierte Marktergebnis wäre verzerrt und entspräche nicht der Vorstellung eines gleichgewichtigen Marktpreises.

1.2.2.5 Lösungsansätze

Um im Vorfeld eines Vertragsabschlusses *adverse Selektion* zu verhindern und nach Vertragsabschluss Anreize für *moral hazard* zu verringern, stehen verschiedene Lösungsansätze zur Verfügung. Die Agenten haben vor Vertragsabschluss ein Interesse daran, sich den Prinzipalen als Vertragspartner zu empfehlen. Die Informationsasymmetrie kann in diesem Fall abgebaut werden, indem die Agenten entsprechende Signale (*signalling*) senden, die es den Prinzipalen ermöglichen, Eigenschaften der Agenten zu unterscheiden. So könnte bspw. ein Prinzipal, der beabsichtigt ein Haus zu bauen, anhand von handwerklichen Berufsabschlüssen geeignete Agenten auswählen und ungeeignete aussortieren. Die Informationsasymmetrie hätte sich dann insoweit verringert, als das für den Hausbau Agenten eingegrenzt wären, die zumindest aufgrund ihrer Ausbildung Eigenschaften aufweisen, die ein Ergebnis im Sinne des Auftraggebers erwarten ließen.[51] Der Prinzipal hingegen, könnte zur Verbesserung seiner Informationsposition versuchen, die Agenten zur Offenlegung ihrer wahren Präferenzen zu bewegen. Es wären ihm damit möglich, die Agenten vor Vertragsabschluss zu unterscheiden. Ein solches *screening* stellen z.B. Einstellungstests für Bewerber dar. Dabei versucht der Prinzipal die Eignung des potentiellen Agenten vor Abschluss eines Vertrages zu bestimmen.

Dem ihm am meisten geeignet erscheinenden Bewerber, würde er dann einen Vertrag anbieten.[52] Unter der Annahme unvollständiger Märkte kann mithilfe des PA-Ansatzes festgestellt werden, dass aus der asymmetrischen Informationsverteilung und der Interaktion der Marktteilnehmer Marktergebnisse resultieren

---

[51] Vgl. Bonn (1998): 44 f.
[52] Kleine (1995) weist jedoch darauf hin, dass die Verwendung der Begriffe von moral hazard/hidden-action und adverser selektion/hidden-information in der Literatur zumeist keine fest definierten Termini bilden. Im Fortgang der Arbeit wird auf die erneute jeweilige Definition verzichtet, insoweit sie nicht von dem theoretischen Unterbau aus 2.1 abweicht.

können, welche nicht der *first-best- Lösung* der neoklassischen Theorie entsprechen. Daraus lässt sich ableiten, dass je mehr sich eine *second-best-Lösung* dem Idealzustand des perfekten Marktes annähert, ein umso stabileres Marktergebnis realisiert werden kann.

1.3 Kapitalmärkte als markets for lemons

Die bisherigen Erkenntnissen, über die Funktion von Banken als Finanzintermediäre und über Koordinationshemmnisse durch *adverse Selektion* und *moral hazard*, lassen sich wie folgt auf Kapitalmärkte anwenden und zusammenführen.

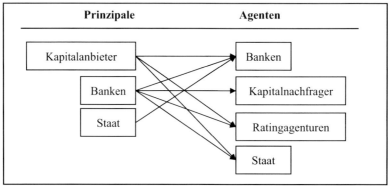

Abb. 4: **Multiple Prinzipal-Agent-Beziehungen in Finanzsystemen**
(Eigene Darstellung)

Das differenzierte Beziehungsgeflecht der Interaktionen auf dem Kapitalmarkt kann wieder in Beziehungen zwischen Auftraggebern (Prinzipalen) und Auftragnehmern (Agenten) unterschieden und hinsichtlich ihrer Anreize für *adverse Selektion* und *moral-hazard* untersucht werden *(vgl. Abb. 4)*. Die aus der Interaktion der Akteure resultierenden Interessenkonflikte sind hierbei die potentiellen Quellen für Fehlentwicklungen im Finanzsystem.

Sinn (2008) nennt in seinem Beitrag drei PA-Beziehungen, denen er einen besonders hohen Stellenwert im Zusammenhang mit der Finanzkrise von 2007 einräumt.[53]

1.3.1 Kapitalanbieter als Prinzipale

Wie o.g., treten auf Kapitalmärkten die vermögensbildenden Haushalte als Anbieter von Kapital auf. In der Terminologie der PA-Theorie beauftragen die Haushal-

---
[53] Vgl. Ebd.

te als Prinzipale die Banken als Agenten, ihr Kapital entsprechend ihrer Präferenzen anzulegen. Die Anlageform drückt sich hierbei über die vertraglich vereinbarte Kapitalrendite aus. Mit steigendem Risiko, steigt die potentiell mögliche Rendite. Die Informationsasymmetrie vor Vertragsabschluss liegt im Informationsvorsprung der Banken. Die Einleger können zuvor nicht unterscheiden, ob die Einlagen tatsächlich entsprechend ihrer Präferenzen risikoavers, risikoneutral oder risikofreudig durch den Agenten angelegt werden.

Der Anreiz bestünde für den Agenten darin, auch das Kapital riskanter anzulegen, wofür ein tendenziell niedrigerer Zins mit dem Einleger vereinbart wurde, um die eigene Rente zu steigern.[54] Erst in der Zukunft ließen sich die Eigenschaften der Agenten durch den Output, in Form der fristgerechten Rück- und Zinszahlung, bestimmen. Das allgemeine Problem besteht darin, dass die Einlagen im Falle der Insolvenz des Finanzintermediärs in Gänze abgeschrieben werden müssten. Kennen die Prinzipale die unterschiedlichen Bonitäten, können diese jedoch nicht zuordnen, werden sie einen durchschnittlichen Risikoaufschlag wählen, um ihre Einlagen abzusichern. Dieser Aufschlag könnte jedoch für die risikoaversen und risikoneutralen Agenten zu hoch sein. Die Zinsgewinne aus unter risikoaversen bzw. risikoneutralen Gesichtspunkten vergebenen Krediten, lägen unter der vom Prinzipal verlangten Risikoprämie. In der Folge würden sie den Markt verlassen.[55] Wie im Beispiel des Gebrauchtwagenmarktes von *Akerlof* würden hier die sicheren Agenten verdrängt und am Markt verblieben die potentiell riskanteren Agenten.[56] Um die Informationsasymmetrie zu reduzieren, können die Agenten durch *signalling* ihre Risikopräferenz offenlegen.

In der Folge würden die Prinzipale Verträge mit unterschiedlich hoher Verzinsung anbieten. Eine niedrige Verzinsung würde dann auf risikoaverses Anlageverhalten der Agenten hindeuten, da bei riskanten Anlagen zwar der potentielle Gewinn, aber auch die Ausfallwahrscheinlichkeit, höher wäre.[57] Umgekehrt würden riskante Agenten höher verzinste Verträge akzeptieren, da der höhere Zins auch bei gestiegener Ausfallwahrscheinlichkeit eine Erfüllung des Vertrages sicherstellt. Nach Vertragsabschluss bestünden dann *moral-hazard-Anreize* für die Agenten,

---

[54] Vgl. Soussa (2000): 7.
[55] Vgl. Faia (2010): 6.
[56] Vgl. Bonn (1998): 44.
[57] Vgl. Priewe (2010): 98.

auch die Einlagen der risikoaversen Einleger in Form höher verzinster Kredite auszugeben.[58]

Der Nutzen der Agenten würde insoweit steigen, als das sich die Spanne zwischen dem vertraglich niedrig vereinbarten Rückzahlungszins und den potentiell gestiegenen Gewinnen aus der riskanteren Kreditvergabe erhöht. Gemindert wird dieser Verhaltensanreiz jedoch vor allem dadurch, dass die Banken auf Reputationskapital angewiesen sind. Das heißt, dass Anleger nur dann bereit sind, Einlagen an eine Bank zu transferieren, wenn es über die Zeit zu keiner Insolvenz gekommen ist, also ausreichend Reputationskapital, i.S.v. Vertrauenswürdigkeit, aufgebaut wurde. Daraus folgt, dass durch einen einmaligen Vertragsbruch kein Anleger als Prinzipal mehr bereit sein wird, dem betroffenen Intermediär als Agenten einen neuen Vertrag anzubieten. Die theoretische Risikoprämie – unabhängig der tatsächlichen Risikopräferenz – würde durch die Prinzipale prohibitiv hoch angesetzt werden.[59]

1.3.2 Banken als Prinzipale

Konnten Finanzinstitutionen (FI) trotz der Widrigkeiten aus *1.3.1* schließlich Einlagen der Kapitalanbieter attrahieren, werden sie, in ihrer Funktion als Finanzintermediäre, Kredite an Kapitalnachfrager aus diesen vergeben. Sie nehmen jetzt die Position des Prinzipals ein, während die Unternehmen, als Nachfrager von Investitionskapital, sich in der Position der Agenten befinden. Wie bereits erwähnt, bestehen vor Vertragsabschluss Informationsasymmetrien, wobei die Agenten i.d.R. einen Informationsvorsprung besitzen.[60]

Es wird angenommen, dass es nur zwei Agenten – A und B – als Kapitalnachfrager gibt. Beide fragen Investitionskapital bei einer Bank nach. Während A eine verhältnismäßig sichere Investition mit einer niedrigen Ausfallwahrscheinlichkeit, aber geringer Rendite, tätigen möchte, will B eine vergleichsweise riskantere Investition mit hoher Ausfallwahrscheinlichkeit, aber auch dementsprechend hoher Rendite, tätigen. Unter Informationsasymmetrie ist es der Bank als Prinzipal nicht möglich, A und B hinsichtlich ihrer Risikopräferenzen in hoch und niedrig zu unterscheiden. Die Bank würde demnach zunächst einen Vertrag anbieten, dessen Zinszahlung den Ausfall eines der Kredite absichert. Liegt dieser

---

[58] Vgl. ECB (2008): 15 ff.
[59] Vgl. Stahl (1998): 354 f.
[60] Vgl. Faia (2010): 6.

Betrag über der Rendite, die A aus seiner Investition erwartet bzw. sinkt sein Nutzen aus der Investition unter seinen Reservationsnutzen, wird A diesen Vertrag nicht annehmen und den Markt verlassen. In der Konsequenz würden eher riskante Agenten am Markt verbleiben und Kredite nachfragen.[61]

Um dieses Problem adverser Selektion zu umgehen, muss der angebotene Vertrag so gewählt werden, dass er gerade unter dem Prohibitivzins der sicheren Kapitalnachfrager liegt bzw. ihr Nutzen noch hinreichend hoch ist.[62] Die nach Vertragsabschluss bestehenden Informationsasymmetrien können dennoch für den Prinzipal unerwünschte Auswirkungen, im Sinne von *moral-hazard-Anreizen*, haben. Da die Banken nicht beobachten können, mit welchem Arbeitseinsatz ein Investitionsprojekt betrieben wird, hat der antizipierende Agent einen Anreiz, seinen Einsatz zu verringern. Dabei ist es unerheblich, ob der Agent sein Nutzenmaximum aus dem erfolgreichen Abschluss des Projektes erzielt. Für einen Finanzintermediär als Prinzipal bedeutet ein verringerter Einsatz in der Regel die Erhöhung der Ausfallwahrscheinlichkeit und damit einhergehende Nutzeneinbußen. Es wird dementsprechend angenommen, dass er seinen Nutzen über alle vergebenen Kredite umso mehr steigert, je geringer die Ausfallwahrscheinlichkeit ist.[63] Im Gegensatz dazu zeigen *Berkovitch/Israel (1999)*, dass ein Unternehmer bereits alleinig aus der Weiterführung eines Investitionsprojektes in Form einer Rente profitieren kann. In diesem Fall hätte er kein Interesse an der Beendigung des Projektes.

Die Bank als Prinzipal hingegen würde durch Beendigung des Projektes ihren Nutzen, im Sinne einer vollständigen Kreditrückzahlung zuzüglich des Zinses, maximieren. An dieser Stelle käme es durch *moral hazard* erneut zu Effizienzverlusten.[64] Wie bereits angesprochen, kann die Informationsasymmetrie vor und nach Vertragsabschluss verringert werden, wenn es sich bei der Kreditvergabe um wiederkehrende Geschäfte derselben Vertragspartner handelt. Die Prinzipale besitzen durch das sog. *relationship-lending* spezifischere, erfahrungs- und vertrauensbasierte Informationen, hinsichtlich der Bonität der Agenten und können diese Informationen in die Vertragsgestaltung einfließen lassen.[65] Im Falle kapi-

---

[61] Vgl. OECD (2011): 20 f.
[62] Vgl. Kleine (1995): 37.
[63] Vgl. Rehm (2011): 329.
[64] Vgl. Berkovitch/Israel (1999) und Hackethal (2000a): 194 f.
[65] Vgl. Allen/Gale (2001): 5.

talmarktorientierter Finanzsysteme wird die kostenintensive Informationsbeschaffung und Bonitätsbewertung durch die Ratingagenturen bereitgestellt.

Im Idealfall können die Verträge dann so gestaltet werden, dass sowohl der Nutzen des Prinzipals als auch der des Agenten maximiert werden. Aber auch ohne eine personalisierte Geschäftsbeziehung ist es Prinzipalen möglich, Informationsasymmetrien abzubauen. Zum einen kann die Haftung des Agenten im Falle eines Kreditausfalls erhöht werden. Aus diesem Umstand kann ein erhöhter Arbeitseinsatz des Agenten abgeleitet werden. Zum anderen können die Prinzipale über Instrumente des *monitoring* versuchen, den Arbeitseinsatz des Agenten zu überwachen. Stehen ihnen keine derartigen Mittel zur Verfügung, steigt das Risiko aus o.g. Gründen dementsprechend an. Dabei bedeuten alle Anstrengungen des Prinzipals, die Informationsasymmetrie abzubauen Kosten, die seinen eigenen Nutzen verringern.[66] In gleicher Weise treten Banken als Prinzipale auf dem Interbankenmarkt mit anderen Banken in PA-Beziehungen, indem sie sich untereinander Kredite gewähren. Ähnlich wie im Fall der Kapitalnachfrager, bestehen grundsätzlich vor und nach Vertragsabschluss Anreizmechanismen, die zu *adverser Selektion* und *moral-hazard* führen können.

Im Regelfall bestehen zwischen den Banken jedoch nicht prohibitiv hohe Informationsasymmetrien. Kommt es aber zu einem Schock, der das Vertrauen der Banken untereinander zerstört, kann der Interbankenmarkt zum Erliegen kommen. In der Folge käme es u.U. zu Liquiditäts- und Solvenzproblemen einzelner FI, welche im Weiteren die Wahrscheinlichkeit systemischer Krisen, mit den entsprechenden gesamtwirtschaftlichen Auswirkungen, erhöhen.[67]

---

[66] Vgl. Hackethal/Schmidt (2000): 19.

[67] Zu Vertrauenskrisen im Interbankenmarkt siehe bspw. de la Motte et al. (2010) oder Priddat (2010).

2 Finanz- und Bankensysteme

In der bisherigen Darstellung lag der Fokus auf einer allgemeinen Betrachtung von Kapitalmärkten, ohne Berücksichtigung ihrer spezifischen Ausgestaltung. Zur Beantwortung der Ausgangsfrage ist jedoch zusätzlich eine detailliertere, eher einzelwirtschaftliche Perspektive notwendig. Zu diesem Zweck wird nachfolgend zunächst herausgearbeitet, welche Finanz- und Bankensysteme allgemein unterschieden werden können. Mittels der bereits gewonnenen Erkenntnisse aus *Abschnitt 1* wird anschließend versucht, die Frage zu beantworten, durch welches Bankensystem in welchem Finanzsystem eher ein effizienter Kapitalmarkt, im Sinne *Fama*s, zu erwarten wäre. Dass heißt, welchem System gelingt es besser, unter der Annahme unvollkommener Märkte und unvollständiger Information, die verfügbaren Informationen zu verarbeiten und über den Wertpapierpreis abzubilden? Um diese Frage zu beantworten, wird zunächst definiert, was unter einem Finanzsystem allgemein zu verstehen ist. Danach werden Trenn- und Universalbankensysteme dargestellt und hinsichtlich ihrer Fähigkeit, die Intermediationsfunktion wahrzunehmen, untersucht.

2.1 Finanzsysteme

Die bisher betrachteten Elemente Haushalte, Banken und Unternehmen bilden über ihre Beziehungen zueinander ein systemisches Ganzes, das als Finanzsystem beschrieben werden kann.[68] *Schmidt/Noth (2010)* weisen darauf hin, dass ein so verstandenes Finanzsystem mehr Komponenten umfasst, als ausschließlich jene Unternehmen, die unmittelbar Finanzdienstleistungen anbieten. Sie bilden, in Form des Finanzsektors, ein Subsystem.[69] Neben Banken, Nichtbanken-Finanzinstitutionen (NBFI), wie Versicherungen, oder Investmentfonds sind sowohl Aufsichts- und Kontrollinstitutionen als auch die Nachfrager nach Finanzdienstleistungen Bestandteile eines Finanzsystems. Selbst die jeweilige Art der Unternehmensführung, die sog. *corporate governance*, könne zum Finanzsystem gezählt werden, insofern sie das Verhalten der Unternehmer, hinsichtlich der vorrangigen Form von Investitionen und Finanzierung, beeinflusst.

---

[68] Vgl. Schneck (2005): 982 f.
[69] Vgl. ebd.: 4.

Allen/Gale (2001) und weitere Autoren fassen den Zweck so zusammen, dass ein Finanzsystem hauptsächlich dazu dient, Kapital von Überschusseinheiten an Defiziteinheiten zu vermitteln.[70] In der bisherigen Darstellung wurde diese Funktion über den Kapitalmarkt beschrieben. Für die weitere Betrachtung ist es jedoch notwendig, diese Sicht insofern zu erweitern, als dass die spezifischen, einzelwirtschaftlichen Strukturen offengelegt werden können. *Minsky* ergänzt, in Abgrenzung zur neoklassischen Sichtweise, die Intermediationsfunktion um die Komponente der Bereitstellung eines funktionierenden Zahlungssystems für alle Wirtschaftssubjekte.[71] Der Staat wäre hier der übergeordnete Akteur, der den gesetzlichen Rahmen festlegt und eine Aufsichts- und Kontrollfunktion wahrnimmt.[72] Die wichtigste Aufgabe für ihn bestünde dann darin, Regulierungen so zu wählen, dass diese auf der einen Seite die Stabilität des Finanzsystems garantieren und auf der anderen Seite den Wettbewerb der FI nicht in einer Weise einschränken, als dass es zu ungerechtfertigt hohen Effizienzverlusten käme. Auch aus einem tendenziell überregulierten und damit eher ineffizienten Finanzsystem können systemische Risiken erwachsen. Im Krisenfall wären diese mit ebenso hohen fiskalischen und sozialen Kosten für die betroffenen Volkswirtschaften verbunden, wie solche, die aus einer vergleichsweise starken Deregulierung resultieren.[73]

2.2 Bankensysteme

In *Abbildung 5* ist die Struktur eines Finanzsystems vereinfacht dargestellt. Die Gewichtung der Rolle der Banken hängt dabei von der Gesamtausrichtung des Finanzsystems ab.[74] Da der Fokus der Studie auf Anreizproblemen und Effizienz im Subsystem Bankensektor liegt, werden im Fortgang die NBFI nicht näher betrachtet.[75] In Abhängigkeit von der regulatorischen Ausgestaltung können im Bankensektor zunächst Universalbankensysteme von Trennbankensystemen unterschieden werden.

---

[70] Vgl. ebd.: 1.
[71] Vgl. Minsky, zitiert in Wray (2010): 11.
[72] Vgl. Cezanne (2005): 66 ff.
[73] Vgl. OECD (2011): 20.
[74] Vgl. Baum et al. (2009): 15.
[75] Ausgehend davon, dass der gesamte Finanzsektor aus allen Unternehmen die Finanzdienstleistungen anbieten, gebildet wird.

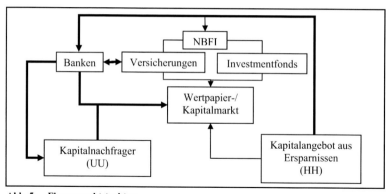

Abb. 5: Finanzmarktstruktur
(Eigene erweiterte Darstellung nach Bundesbank)

2.2.1 Universalbankensystem

Bei Vorliegen eines reinen, idealtypischen Universalbankensystems, ist es den Banken erlaubt, sämtliche Finanzdienstleistungen und Finanzprodukte anzubieten.[76] Es gibt keine institutionellen Beschränkungen, in Form von Gesetzen, hinsichtlich der Ausgestaltung der Geschäftstätigkeit. Sämtliche Finanzprodukte und -dienstleistungen können durch eine Bank *aus einer Hand* angeboten werden. Das bedeutet nicht, dass jede Bank in allen Geschäftsbereichen tatsächlich tätig wird, aber es ist ihr potentiell möglich. Aus dieser Form intra-organisationeller Vernetzung der Geschäftsfelder werden Synergieeffekte erwartet. Daraus können Effizienzgewinne abgeleitet werden, wenn für alle Geschäfte nicht mehr als zwei Vertragspartner in Beziehung treten müssen. Zudem erlaubt dieses System eine breitere Risikodiversifizierung und damit einhergehend eine implizit höhere individuelle Stabilität der FI.[77] Dieser Effekt wird durch die breitere Finanzierungsbasis verstärkt. Ein Liquiditäts- oder Konjunkturschock in einem Sektor könnte durch Engagements in anderen Sektoren abgefedert oder sogar aufgehoben werden, ohne dass es zu stärkeren Verwerfungen käme. Damit wären die Banken unabhängiger von Konjunkturschwankungen, was im Zusammenwirken mit den o.g. Punkten die Stabilität des Finanzsystems insgesamt verbessern würde.[78]

---

[76] Vgl. Benston (1994): 121.
[77] Vgl. Bundesbank Glossar online.
[78] Vgl. IFF (2010): 40.

2.2.2 Trennbankensystem

In einem Trennbankensystem sind die Banken in der Ausübung ihrer Geschäftstätigkeit beschränkt. Rechtliche Rahmenbedingungen verhindern die intra-organisationale Vernetzung von unterschiedlichen Geschäftsbereichen. Damit werden die in *2.2.1* genannten Vorteile nicht realisiert.[79] Durch die Trennung von Geschäftsbereichen wird erwartet, dass es beim Auftreten externer Schocks nicht zur Ansteckung weiterer Geschäftsbereiche in einem Institut kommt. Der Nutzen daraus wird höher bewertet als die Vorteile einer breiteren Risikodiversifizierung und von Effizienzgewinnen. Ein ordnungspolitischer Eingriff, wie die Abtrennung oder Auslagerung eines Geschäftsbereiches, ist demnach als ein Schritt in Richtung Trennbankensystem zu bewerten.[80]

Allgemein kann festgehalten werden, dass sich in der Literatur jeweils Argumente pro und contra für beide Systeme finden lassen. Im Weiteren werden diese herausgestellt und beurteilt. Es wird dabei gezeigt, dass es keine paradigmatische Antwort für oder gegen eine der beiden Formen geben kann.[81]

2.3 Geschäftsfelder von Banken

Aus der gesamtwirtschaftlichen Intermediationsfunktion im Finanzsystem lassen sich aus der speziell einzelwirtschaftlichen Perspektive die einzelnen Geschäftsfelder von Banken abgrenzen. Diese Abgrenzung ist im Einzelnen notwendig, da es keine allgemeingültigen Definitionen für die jeweilige Geschäftstätigkeit gibt. Dieser Umstand kann u.a. darauf zurückgeführt werden, dass die Struktur der Geschäftstätigkeiten vom Bankentyp und der jeweiligen Geschäftspolitik abhängig ist oder sich Geschäftsbereiche schlicht überschneiden. Zudem unterliegen Banken, wie jedes Unternehmen, durch Innovationen, technologischen Fortschritt, Regulierungen und Wettbewerb einem stetigen Wandel.[82] Für einen möglichst umfassenden, allgemeingültigen Überblick bietet sich eine Abgrenzung nach *Gischer et al. (2011)* an.[83]

---

[79] Vgl. Sachverständigenrat (2011): 161 f.
[80] Vgl. Schneck (2005): 99.
[81] Vgl. Dieter (2008).
[82] Vgl. dazu z.B. IFF (2010): 81.
[83] Vgl. ebd. 67 ff.

Anhand einer klassischen Bankenbilanz unterscheiden sie das Aktiv- und Passivgeschäft sowie nicht bilanzierte Geschäfte, die sich vereinfacht als weitere Dienstleistungen beschreiben lassen. Für eine im weiteren Verlauf noch notwendige Abgrenzung wird hierbei zusätzlich in Kern- und Peripheriegeschäfte unterschieden.

2.3.1 Kerngeschäft

Das Kerngeschäft oder *core-banking* von Banken ist der Geschäftsbereich, der am wenigsten politischen Diskussionen ausgesetzt ist. Ihm wird i.d.R. eine gesamtwirtschaftlich nutzenstiftende Funktion zugewiesen. Eingegliedert in das direkte Wechselspiel von Real- und Finanzwirtschaft ist es jener Bereich, dem *normativ* die sog. dienende Funktion zugesprochen wird.[84] Er kann in Passiv- und Aktivgeschäft unterteilt werden.

2.3.1.1 Passivgeschäft

Unter dem Passivgeschäft lassen sich hierbei alle Bilanzpositionen zusammenfassen, die aus Forderungen gegenüber dem Bankensektor bestehen und Kosten für FI verursachen. Dazu gehören neben Forderungen der FI untereinander über den Interbankenmarkt, offene Positionen von NBFI und vor allem Einlagen von Nichtbanken, wie den Haushalten und Staaten, bei den FI. Ebenso zählen das Eigenkapital und freiwillige Rücklagen zum Passivgeschäft der Banken.[85]

2.3.1.2 Aktivgeschäft

Den passiven Positionen gegenüber stehen die Aktiva der Bilanz. Zu ihnen gehören hauptsächlich die aus den Passivpositionen vergebenen Kredite an andere FI und Nichtbanken. Zu den Krediten an Nichtbanken zählen bilanziell die Forderungen an Unternehmen, Privatpersonen sowie öffentliche Haushalte bzw. den Staat.[86] Damit können zusammenfassend alle Geschäftstätigkeiten einer Bank, die ausschließlich mit der Transformation von Einlagen in Kredite befasst sind, als Kerngeschäft verstanden werden.

---

[84] I.S.v. einer Unterscheidung in Sachvermögen als Summe aller bewerteten Sachaktiva auf der einen und den Forderungen der Wirtschaftssubjekte auf der anderen Seite. Vgl. dazu z.B. Cezanne (2005): 238.
[85] Vgl. Deutsche Bundesbank (2012): 22* f.
[86] Vgl. Deutsche Bundesbank (2012): 20* f.

Die Verwaltung und Abwicklung dieser Geschäfte, i.S.v. Anbahnung, Überwachung usw., ist dabei mit inbegriffen. Für den weiteren Verlauf bedeutet diese Tatsache, dass an dieser Stelle die einleitend erwähnten ordnungspolitischen Eingriffe erwünscht sind. Hier wird die Trennung des für die Realwirtschaft als wichtig empfundenen Geschäftsbereichs, von den als potentiell gefährlich eingestuften Peripheriegeschäften der Banken gefordert.[87]

2.3.2 Peripheriegeschäft

In Abgrenzung zum Kerngeschäft zählen alle weiteren Tätigkeiten zu den peripheren Geschäften der Banken, welche in der gesamtwirtschaftlichen Bilanz nicht erfasst werden.[88] In Anlehnung an die Konzernstruktur der Deutschen Bank können die Geschäftsfelder einer typischen Universalbank allgemein voneinander abgegrenzt werden. Zunächst wird jener Bereich ausgewiesen, der in *2.3.1* als Kerngeschäft herausgearbeitet wurde: Das Privat- und Firmenkundengeschäft. Hierin fallen die originären Bankdienstleistungen, wie das Kontoführungs-, Einlagen und Kreditgeschäft mit Privat- und Firmenkunden, wobei mit Firmenkunden v.a. kleine und mittlere Unternehmen (KMU) gemeint sind. Im selben Unternehmensbereich sind komplementäre Dienstleistungen, wie die Vermögensverwaltung, angesiedelt. Dabei treten die Banken im Auftrag der Kunden am Kapitalmarkt als Investoren auf. In diesem Bereich zählen, neben vermögenden Haushalten, institutionelle Anleger, wie Pensionsfonds und Versicherungen, zu den Kunden. Da die NBFI dann ebenfalls die Ersparnisse der Haushalte verwalten, können die Einlagen wiederum zum Kapitalangebot der Haushalte gezählt werden.

Ein weiteres Geschäftsfeld stellt der Bereich der Unternehmensfinanzierung und des Kapitalmarktgeschäftes dar. Dieser ist im Kern das Geschäftsfeld, welches gemeinhin unter Investmentbanking zusammengefasst wird. Es umfasst alle Geschäfte mit Kapitalmarktprodukten, wie Aktien, Anleihen und Derivaten. An dieser Stelle treten die Banken in ihrer Rolle als Intermediäre für Dritte am Kapitalmarkt auf.[89]

---

[87] Vgl. dazu erneut bspw. SPD-Fraktion im Deutschen Bundestag (2011b): 3.
[88] Vgl. Gischer et al. (2011): 69.
[89] Der Vollständigkeit halber sei erwähnt, dass auch der Bereich der Beratung bei Unternehmensfusionen und Übernahmen zum klassischen Investmentbanking gehört.

Im dritten Konzernbereich, Unternehmensbeteiligungen, sind die Banken dann schließlich selbst Anbieter und Nachfrager am Kapitalmarkt *(vgl. Abb. 6)*.[90]

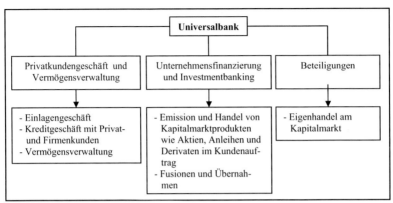

Abb. 6: Idealisierte Aufbauorganisation einer Universalbank
(Eigene Darstellung nach Deutsche Bank (2010): 24.)

2.4 Formen der Unternehmensfinanzierung

Daraus wird das bereits erläuterte Prinzip der Universalbanken bzw. allgemein des Universalbankensystems nochmals deutlich. Sämtliche Finanzprodukte und -dienstleistungen können von einem FI-Typus angeboten werden. Die Unterscheidung zu einem Trennbankensystem liegt in der organisatorischen Trennung der Geschäftsbereiche. Je nach rechtlicher Ausgestaltung können FI dann – zwar noch in der rechtlichen Form einer Bank existierend – nur bestimmte Dienste anbieten oder selbst an den Finanzmärkten tätig werden. Es ist aber ebenfalls möglich, dass solche Geschäftsfelder von NBFI bedient werden. In einem Universalbankensystem würden sie jedoch originär von Banken übernommen werden. Bereits dieser Umstand macht deutlich, dass Unternehmen dadurch verschiedene Formen von Finanzierungsarten nutzen können. Der Zweck der Kapitalnachfrage ist dabei in jedem Fall identisch: Ist bspw. aufgrund zu geringer Eigenmittel bzw. eines zu großen Volumens eine Investition für eine Unternehmung zunächst von innen heraus nicht durchführbar, besteht die Möglichkeit der externen Finanzierung durch Fremdkapital.[91] *Abbildung 7* zeigt vereinfacht die Möglichkeiten der Kapitalbeschaffung von Unternehmen.

---

[90] Vgl. Deutsche Bank (2010): 24.
[91] Vgl. Perridon/Steiner (2007): 347 ff.

Auf die Nennung detaillierterer Finanzierungsformen, wie bspw. Leasing oder Factoring, wird hier verzichtet. Für den Fortgang der Studie ist die Unterscheidung in bankorientierte und kapitalmarktorientierte Unternehmens-finanzierung das relevante Merkmal.

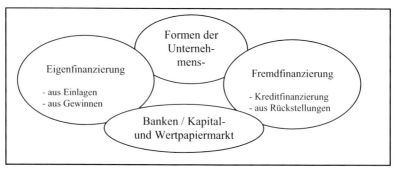

Abb. 7: Finanzierungsformen von Unternehmen
(Eigene Darstellung nach Perridon/Steiner (2007): 348.)

2.4.1 Bankorientierte Unternehmensfinanzierung

Wird die Nachfrage von Unternehmen nach Kapital überwiegend in Form von Bankkrediten befriedigt, kann von einem bankorientierten Finanzsystem ausgegangen werden.[92] In ihrer Rolle als Finanzintermediäre vergeben die Banken Kredite aus Einlagen an Unternehmen, mit welchen diese Investitionen tätigen. Aus der Rendite der Investition wird der Kredit zzgl. eines zuvor festgelegten Zinssatzes an die Banken zurückgezahlt. Der Zinssatz entspricht für die Bank zum einen einer Kompensationszahlung der alternativen Anlage des Kapitals, zum anderen ist er ein Risikoaufschlag für die Möglichkeit eines potentiellen Kreditausfalles. Umgelegt auf alle Kreditnehmer, soll er garantieren, dass bei erwarteten Ausfällen von vergebenen Krediten die Abschreibungen in der Summe durch die bedienten Kredite wieder kompensiert werden und dennoch insgesamt eine Rendite gewährleistet wird.[93] Je eher die Banken über Informationen verfügen, mit denen sie das Risiko eines Kreditausfalls kalkulieren können, desto eher werden sie dazu bereit sein, Kredite überhaupt zu gewähren.

---

[92] Vgl. Rehm (2008a): 154 ff.
[93] Vgl. Adrian/Shin (2008): 334.

Zudem würde die Erwartungsunsicherheit dann am ehesten über den vereinbarten Zins abgebildet. Der Risikoaufschlag sinkt im Fall von geringer Erwartungsunsicherheit et vice versa. Aus wiederholten Geschäften resultiert über die Zeit eine vergleichsweise stabile, langfristig orientierte Geschäftsbeziehung, weil die Banken vermehrt auch über unternehmensinterne Informationen verfügen.[94] In der Literatur wird in diesen Fällen vom bereits erwähnten Hausbankprinzip bzw. *relationship-lending* gesprochen. In ausgeprägt bankenorientierten Systemen, entsenden Banken Vertreter in Aufsichtsorgane von (ausreichend großen) Unternehmen. Damit haben sie einen direkten Einfluss auf die Unternehmenspolitik und Zugang zu internen Informationen, was die Risikobewertung einer Investition weiter verbessert.[95]

Aus dieser Form der Unternehmensfinanzierung können jedoch auch verschiedene Nachteile entstehen. So kann ein eher bankenorientiertes System die Innovationsgeschwindigkeit und damit das Wirtschaftswachstum hemmen.[96] Der Grund liegt darin, dass neue Unternehmen keinen oder nur schlecht Zugang zu Bankkrediten erhalten, da die Ausfallwahrscheinlichkeit aufgrund mangelnder Informationen nicht ausreichend bestimmt werden kann. Banken gehen daher eher geringe Risiken, sog. *plain-vanilla-risks*, ein und investieren vermehrt in konservative Anlagen. *Lenger/Ernstberger (2011)* sprechen in diesem Zusammenhang von der Flucht der Banken in Qualität. Bei identischen Investitionsvorhaben wird der Kreditnehmer, dessen Nettounternehmenswert höher ist, bevorzugt.[97] Im gesamten Finanzsystem steht dann weniger Wagniskapital zur Verfügung.[98]

2.4.2 Kapitalmarktorientierte Unternehmensfinanzierung

Im Gegensatz dazu ist es Unternehmen in einem System mit eher kapitalmarktorientierter Unternehmensfinanzierung leichter möglich, Fremd-kapital über den Handel bzw. die Emission von Aktien, Anleihen etc. als Wagniskapital zu erhalten.[99]

Auf dem Kapitalmarkt treffen Kapitalangebot und Kapitalnachfrage direkt aufeinander. Kreditnehmer und Kreditgeber treten dabei nicht in eine engere Ge-

---

[94] Vgl. Rickes (2006): 161.
[95] Vgl. Hackethal/Schmidt (2000a): 14 ff.
[96] Vgl. Bordo et al. (2011): 4.
[97] Vgl. ebd.: 370.
[98] Vgl. Rajan (2005): 315 f. und Toft et al. (2001): 3.
[99] Vgl. Adrian/Shin (2008): 6.

schäftsbeziehung, wie im Falle des o.g. *relationship-lending*. Die Art der Geschäftsbeziehung ist anonym und kurzfristig.[100] Daher wird dieses Prinzip der Unternehmensfinanzierung auch *at-arms-length* bezeichnet. Auch diese Beziehung ist dadurch geprägt, dass eine tendenziell riskantere Investition eine höhere Ausfallwahrscheinlichkeit bedeutet und umgekehrt. Solange sich demnach am Kapitalmarkt Investoren bzw. Anleger befinden, die ausreichend risikofreudig sind, ist es über die entsprechende Einpreisung des Risikos einer Investition über den Zins einer breiteren Anzahl von Kapitalnachfragern möglich, Kredite zu erhalten.

Die Bewertung ist nicht an den tatsächlichen Umsatz oder Sachwert eines Unternehmens gebunden, sondern basiert ausschließlich auf den Erwartungen über die zukünftige Entwicklung.[101] Daraus könnte zunächst eine effizientere Ressourcenallokation abgeleitet werden, da die Kapitalnachfrage diversifizierter bedient wird. Eine Investition erfolgt allein unter den Gesichtspunkten der erwarteten Rendite in Relation zu den Risikopräferenzen der Anleger. Die Volatilität im Investieren und Abziehen von Kapital nimmt damit zu, entspricht jedoch gleichzeitig eher einer Marktlösung.[102]

2.5 Modellierung der theoretischen Erkenntnisse

Zur Veranschaulichung der bisher ausgeführten theoretischen Grundlagen und zur Herleitung geeigneter Hypothesen, werden diese nachfolgend in einem einfachen Kennzahlenmodell dargestellt. Die Betrachtung dient ausschließlich der zusammenfassenden Veranschaulichung der Gedankengänge und erhebt keinen Anspruch auf die vollständige Abbildung eines Modells. Dazu wird angenommen, dass auf einem Kapitalmarkt Haushalte mit unterschiedlichen Risikopräferenzen als Kapitalanbieter auftreten. Die Gegenposition wird durch Unternehmen als Nachfrager von Investitionskapital gebildet. Die Investitionsprojekte der Unternehmen weisen dabei ebenfalls eine unterschiedliche Risikostruktur auf.

Es werden dazu sechs Merkmale betrachtet, die aus den bisherigen Erkenntnissen abgeleitet werden können. Die Merkmale sind logisch miteinander verknüpft und ihnen werden ganzzahlige Werte zwischen 0 und 3 zugeordnet.

---

[100] Vgl. Allen/Gale (2001): 5 und Hackethal/Schmidt (2000a): 18.
[101] Vgl. Vaubel (2010): 314.
[102] Vgl. Baum et al. (2009): 15.

1.) Zunächst werden, in Anlehnung an *Abbildung 2*, die potentiell notwendigen bzw. möglichen Kontakte unter den Marktakteuren dargestellt. Es wird angenommen, dass ein Finanzsystem umso effizienter ist, desto weniger strukturell bedingte Kontakte zwischen den Marktakteuren notwendig sind, um Angebot und Nachfrage zu koordinieren.

2.) In Abgrenzung zur Annahme von vollständiger Information wird die Informationsgewinnung zum Abbau von Informationsasymmetrien betrachtet. Je mehr Ressourcen die Marktakteure zur Gewinnung, Verarbeitung und Interpretation von Informationen einsetzen, desto höher sind für sie die damit verbundenen Kosten.[103]

3.) Aus der Höhe dieses Aufwandes lassen sich Rückschlüsse auf die Qualität der gewonnenen Informationen ableiten. Die Informationsqualität wäre dementsprechend bei tendenziell hohen Informationskosten größer, die Informationsasymmetrie und somit die Erwartungsunsicherheit verringert. Im Umkehrschluss würde ein geringerer Kostenaufwand auf eine niedrigere Informationsqualität, größere Informationsasymmetrie sowie erhöhte Erwartungsunsicherheit und damit einhergehend auf ein höheres Risiko hinweisen.[104]

4.) In *1.2.2* wurde dargestellt, inwiefern aus der asymmetrischen Informationsverteilung Fehlanreize, in Form von *adverser Selektion* und *moral-hazard*, für Marktakteure entstehen können. Daraus folgt, dass aus einer höheren Informationsasymmetrie tendenziell höhere Anreize für *adverse Selektion* und *moral hazard* resultieren und umgekehrt.[105]

5.) Aus der systemspezifischen Fähigkeit Informationsasymmetrien abzubauen, Informationen unterschiedlicher Qualität zu generieren und der Möglichkeit verschieden hohe Rendite erzielen zu können, folgt eine unterscheidbare Risikopräferenz der Marktakteure.

6.) Aus den vorhergehenden Merkmalen lassen sich wiederum Aussagen darüber treffen, wie liquide ein Finanzsystem beurteilt werden kann. Dabei ist ein Finanzsystem tendenziell liquider, wenn Kapitalangebot und -nachfrage breiter diversifi-

---

[103] Vgl. Johanning et al. (2011): 10.
[104] Vgl. Soussa (2000): 19.
[105] Vgl. dazu z.B. Kayshap et al. (2002): 65 f.

ziert koordiniert werden können.[106] *Tabelle 1* zeigt, wie im Weiteren die Merkmale bewertet werden und welche Bedeutung die zugeordneten Werte haben.

	0	1	2	3
1. Kontaktkosten	keine	gering	mittel	(prohibitiv) hoch
2. Informationskosten	keine	signalling oder monitoring	signalling und monitoring	signalling, monitoring und controlling
3. Informationsqualität	vollständig	verfügbar und intern	verfügbar	uninformiert
4. Informationsasymmetrie	keine	gering	mittel	stark asymmetrisch
5. Risikoneigung	keine	risikoavers	risikoneutral	risikofreudig
6. Martktliquidität	vollkommen liquide	liquide	eingeschränkt liquide	illiquide

Tabelle 1: Merkmalsbeschreibung
(Eigene Darstellung)

2.5.1 Vollkommener Kapitalmarkt

Unter der neoklassischen Annahme vollkommener Kapitalmärkte und vollständiger Information, würde die Koordination von Angebot und Nachfrage direkt und transaktionskostenfrei stattfinden *(vgl. Abb. 8)*. Daraus folgt, dass in einer modellhaften Gleichgewichtssituation keinerlei Suchkosten aus der formalen Notwendigkeit der Kontakte zwischen Anbietern und Nachfragern resultieren würden (0).

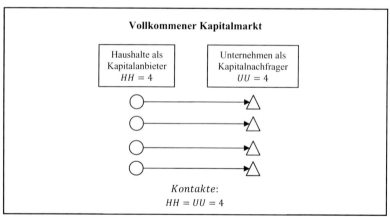

Abb. 8: Vollkommener Kapitalmarkt
(Eigene Darstellung in Anlehnung an Bonn (1998): 48.)

Wenn die Annahme vollständiger Information gilt, müssten die Marktakteure auch keine Kosten vor, während oder nach Vertragsabschluss aufwenden, da es

---
[106] Vgl. Baum et al. (2009): 15 und Meyer (2011): 392 f.

keine Informationsasymmetrie gibt, durch deren Abbau ein Marktergebnis über der durchschnittlichen Rendite realisiert werden könnte (0). Die Informationsqualität ist per Annahme vollständig (0). Wird Risiko als Erwartungsunsicherheit verstanden, gibt es theoretisch kein Risiko bei den Investitionen (0). Alle Marktteilnehmer bilden bei vollständiger Information die gleichen Erwartungen. Eine Erwartungsunsicherheit ist damit ausgeschlossen. Daraus folgt, dass ein dergestalt perfekter Markt, als vollkommen liquide betrachtet werden kann (0).

	Unternehmen	Haushalte	∅
1. Kontaktkosten	/	/	0
2. Informationskosten	0	0	0
3. Informationsqualität	0	0	0
4. Informationsasymmetrie	0	0	0
5. Risikoneigung	0	0	0
6. Martktliquidität	/	/	0
			0

Tabelle 2: Merkmalsausprägung 1
bei vollkommenem Kapitalmarkt
(Eigene Darstellung)

Für den Fall des vollkommen, neoklassischen Kapitalmarktes ergäbe sich dementsprechend ein arithmetisches Mittel von 0, welches für die weitergehenden Betrachtungen die *first-best-Lösung* darstellt *(vgl. Tab. 2)*.

2.5.2 Unvollkommener Kapitalmarkt ohne Intermediation

Dem vollkommenen Kapitalmarkt stünde als Extrem der unvollkommene Kapitalmarkt ohne Intermediation gegenüber *(vgl. Abb. 9)*.

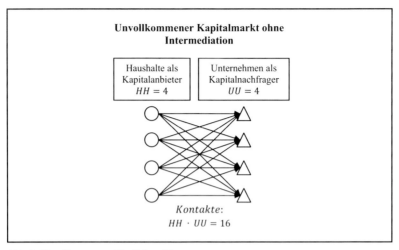

Abb. 9: Unvollkommener Kapitalmarkt
ohne Intermediation
(Eigene Darstellung in Anlehnung an Bonn (1998): 48.)

Wie in *1.2.1.3* erläutert, würden prohibitiv hohe Such- und Informationskosten in diesem Fall zu Marktversagen führen (3). Kapitalangebot und – nachfrage könnten entweder nicht oder nur höchst ineffizient koordiniert werden. Bei unvollständiger Information und Abwesenheit eines Intermediären wären die Erwartungsunsicherheit und damit das Risiko ebenfalls prohibitiv hoch (3). Die Gesamtbewertung des unvollkommenen Kapitalmarktes ohne Intermediation läge somit bei 3 *(vgl. Tab. 3)*.

Es kann zusammenfassend festgehalten werden, dass unter der Annahme unvollkommener Märkte bei der Ausgestaltung eines Finanzsystems mit Finanzintermediären eine Merkmalsausprägung zwischen 0 und 3 angenommen wird.
Je eher dieser Wert gegen 0 tendiert, desto näher läge das Marktergebnis an der *first-best-Lösung* eines vollkommenen Kapitalmarktes, im Sinne der neoklassischen Theorie. Dementsprechend würde ein relativ größerer Wert, der gegen drei tendiert, auf Effizienzverluste hinweisen.

	Unternehmen	Haushalte	∅
1. Kontaktkosten	/	/	3
2. Informationskosten	3	3	3
3. Informationsqualität	3	3	3
4. Informationsasymmetrie	3	3	3
5. Risikoneigung	3	3	3
6. Martktliquidität	/	/	3
			3

Tabelle 3: **Merkmalsausprägung 2
bei unvollkommenem Kapitalmarkt ohne Intermediation**
(Eigene Darstellung)

2.5.3 Unvollkommener Kapitalmarkt Universalbankensystem

Wie in *Abschnitt 1* herausgearbeitet, kommt den Banken bei unvollkommenen Kapitalmärkten die Funktion der Intermediation zwischen Kapitalanbietern und -nachfragern zu. *Abbildung 10* zeigt – vereinfacht – ein Universalbankensystem, in welchem eine Universalbank das Kapitalangebot und die Kapitalnachfrage von Haushalten und Unternehmen koordiniert.

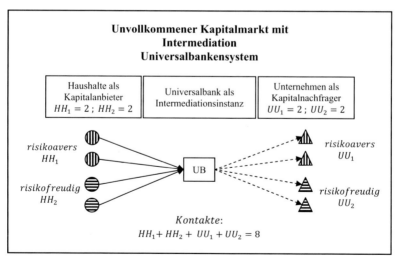

Abb. 10: **Universalbankensystem
bei unvollkommenem Kapitalmarkt**
(Eigene Darstellung in Anlehnung an Bonn (1998): 48.)

In Universalbanken ist das informationsintensive, beziehungsbasierte und damit tendenziell teurere Kreditgeschäft mit dem Kapitalangebot der uninformierten Anleger verbunden.[107] In Abgrenzung zum vollkommenen Kapitalmarkt und zum unvollkommenen Kapitalmarkt ohne Intermediation, ist hier die Annahme und Integration unterschiedlicher Risikopräferenzen der Akteure möglich.

Vereinfachend werden die Ausprägungen der Risiken, im Sinne von Erwartungsunsicherheit, in risikoavers und risikofreudig unterschieden. Risikoaverse Haushalte halten demnach Kapital aus dem Motiv der Werterhaltung. Tendenziell risikofreudige Haushalte halten hingegen Kapital zur Erzielung zusätzlicher Marktrenten.[108] Im Gegensatz zu den risikoaversen Haushalten, sind sie dann bereit, ein höheres Risiko einzugehen, wenn dies über eine höhere Rendite abgegolten wird. Demgegenüber stehen die Unternehmen, die am Kapitalmarkt Investitionskapital nachfragen. In Abhängigkeit der Ausfallwahrscheinlichkeit ihrer Investition können sie ebenfalls in risikoavers und risikofreudig unterschieden werden.

Als risikoavers werden solche Kapitalnachfrager verstanden, aus deren Investitionen eine relativ niedrige Ausfallwahrscheinlichkeit abgeleitet werden kann. Die Gründe sind in der geringeren Erwartungsunsicherheit, hinsichtlich des Erfolges der Investition, resultierend aus einem hohen Informationsgrad, zu sehen. Aus der niedrigen Ausfallwahrscheinlichkeit kann eine tendenziell niedrigere Rendite abgeleitet werden.

Risikoaverse Unternehmen werden daher nur dann Investitionskapital in Form von Krediten nachfragen, wenn der dafür zu zahlende Zins hinreichend niedrig ist.[109] Risikofreudige Investoren verfügen indes über entsprechend weniger Informationen, hinsichtlich des Erfolges ihres Projektes oder wenden von vornerein weniger Kosten zur Reduzierung der Erwartungsunsicherheit auf. Sie erwarten dafür aber eine signifikant höhere Rendite im Vergleich zu einer eher sicheren

---

[107] Vgl. Krahnen (2005): 14. Anmerkung: Unter uninformierten Anlegern versteht *Krahnen* Kleinanleger sowie institutionelle Anleger.
[108] Vgl. dazu 1.2.1.1.
[109] Vgl. 1.3.2.

Investition. Daher werden sie bereit sein, einen vergleichsweise höheren Zins zu akzeptieren, solange die Rendite noch ausreichend hoch ist.[110]

Ist es der intermedierenden Bank regulatorisch möglich, in allen Geschäftsfeldern tätig zu werden, wird sie entsprechende Kosten zur Informationsgewinnung aufwenden, um Kreditnehmer in risikoavers und risikofreudig unterscheiden zu können. Ausgehend von einem bankenorientierten Finanzsystem erhält sie dabei, z.B. durch das Prinzip des *relationship-lending* Zugang zu internen, vertrauens- oder erfahrungsbasierten Informationen. Je besser die Informationsverteilung und Qualität der Informationen sind, desto geringer sind schließlich die Informationsasymmetrie sowie die Erwartungsunsicherheit, hinsichtlich des Ausfalles einer Anlage.[111] Zur Gewinnung dieser Informationen wendet die Bank Kosten auf, die schlussendlich ihre eigene Rendite verringern. Ausgehend von der Portfoliotheorie wird so eine vergleichsweise breitere Diversifikation des Anlagerisikos erreicht. Kommt es zu Verlusten in einem oder mehreren Geschäftsfeldern, können diese bis zu einem bestimmten Grad durch Gewinne in anderen Geschäftsbereichen bzw. weitere Anlagen insoweit ausgeglichen werden, als dass insgesamt noch eine positive Rendite erzielt werden kann.[112]

Für *Vaubel (2010)* z.B. liegt in dieser Risikostreuung der Grund für das bessere Abschneiden europäischer Universalbanken während der Bankenkrise von 2007.[113] *Tabelle 4* veranschaulicht die Überlegungen.

	Risikoaverse Haushalte	Risikofreudige Haushalte	UB	Risikoaverse Unternehmen	Risikofreudige Unternehmen	⌀
1. Kontaktkosten						1,0
2. Informationskosten	1	1	3	1	1	1,4
3. Informationsqualität	3	3	1	2	2	2,2
4. Informationsasymmetrie	1	1	1	1	2	1,2
5. Risikoneigung	1	3	2	1	3	2,0
6. Marktliquidität						2,0
						1,63

Tabelle 4: **Merkmalsausprägung 3 bei unvollkommenem Kapitalmarkt und Universalbankensystem**
(Eigene Darstellung)

---

[110] Vgl. Capelle-Blancard (2011): 23.
[111] Vgl. Rickes (2006): 161.
[112] Vgl. Markowitz (1952).
[113] Vgl. ebd.: 316.

Für einen unvollkommenen Kapitalmarkt und Universalbanken als Finanzintermediäre ergäbe sich im arithmetischen Mittel der bewerteten Merkmale ein dimensionsloser Wert von 1,63.

2.5.4 Unvollkommener Kapitalmarkt Trennbankensystem

Wird nun ein unvollkommener Kapitalmarkt mit Trennbankensystem betrachtet, bleiben die Annahmen über die Merkmalsausprägungen von Kapitalanbietern und Kapitalnachfragern zunächst unverändert. Im Unterschied zum Universalbankensystem ist es jedoch in Trennbankensystemen den Banken nicht möglich, sämtliche Geschäftsfelder aus einer Hand zu bedienen. Infolgedessen wird nicht mehr nur ein Banktypus angenommen, sondern spezialisierte Banken, die vereinfachend in Geschäftsbanken und Investmentbanken unterschieden werden *(vgl. Abb. 11)*.

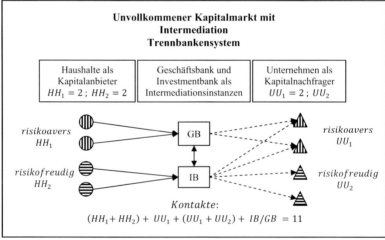

Abb. 11: Trennbankensystem
bei unvollkommenem Kapitalmarkt
(Eigene Darstellung in Anlehnung an Bonn (1998): 48.)

Die Geschäftsbanken betreiben hierbei das klassische, eher informationsintensive Einlagengeschäft, i.S. der Vermittlung von Krediten und der Bereitstellung von Bankdienstleistungen für ihre Einleger.[114] Ihre Rendite ist aufgrund der tendenziell niedrigen Risikostruktur eher gering. *Kashyap et al. (2002)* beschreiben es

---

[114] Vgl. 2.3.1.

sogar als nahezu risikolos.[115] Neben den Geschäftsbanken treten die Spezialbanken als Finanzintermediäre am Kapitalmarkt auf. Sie attrahieren eher risikofreudige bzw. renditeorientierte Kapitalanbieter. Um im Wettbewerb bestehen zu können, werden sie versuchen, eine tendenziell höhere Rendite zu erwirtschaften. Dabei schaffen die hohen Kosten der Informationsbeschaffung Anreize, diesen Aufwand zu minimieren.[116] Die getätigten Investitionen weisen daher eine höhere Erwartungsunsicherheit und damit ein tendenziell höheres Risiko auf.[117] Eine vergleichsweise geringere Rendite (und somit niedrigeres Ausfallrisiko) hätte u.U. zur Folge, dass Anleger ihr Kapital abziehen und dort reinvestieren, wo eine höhere Rendite erzielt wird.

Infolgedessen ist ein gleichgerichtetes Handeln der Investmentbanken (bzw. ihrer Manager), im Sinne von *herding*, vorstellbar.[118] Dieses stellt sicher, dass die Performance aller Intermediäre dieser Art vergleichsweise gleich ist. Daraus folgt wiederum, dass eine Anreizstruktur zu *adverser Selektion* von riskanten Investitionen begünstigt wird.[119] Infolgedessen ist die Überbewertung von Investition bzw. c.p. die Unterbewertung von Risiken möglich, welche im Extremfall Spekulationspreisblasen begünstigen.[120] Ebenso bestünde aus den verhältnismäßig kurzen und anonymen Geschäftsbeziehungen, gemäß des *at-arms-length-Prinzipes*, ein Anreiz, die kostenintensive Informationsbeschaffung zu reduzieren, woraus wiederum eine tendenziell höhere Informationsasymmetrie und damit ein höheres Risiko impliziert würde.

Aus der derartig erweiterten Streuung der Investitionen ist jedoch eine diversifiziertere Marktstruktur, in Form von erhöhter Liquidität, gewährleistet. Unternehmen mit tendenziell hoher Erwartungsunsicherheit bei ihren Investitionsprojekten erhalten entsprechend verzinstes Kapital. Diese Investitionen würden u.U. in einem Universalbankensystem aufgrund ihrer Risikostruktur nicht getätigt. Die Erwartungsunsicherheit bzw. die Informationsasymmetrie könnte über die Informationsgewinnung nicht ausreichend reduziert werden. Der Grund läge in prohibitiv hohen Informationskosten oder der prinzipiellen Unmöglichkeit der Einschätzung der Ausfallwahrscheinlichkeit, wie bspw. im Fall von bestimmten

---

[115] Vgl. ebd.: 33.
[116] Vgl. Puri (1996): 374.
[117] Vgl. Körner (2009): 522.
[118] Vgl. Acharya/Yorulmazer (2008).
[119] Vgl. Allen/Gale (2001): 5 und Zimmermann (2002).
[120] Vgl. Adrian/Shin (2008): 30.

Innovationen. In *Tabelle 5* sind die Merkmale zur Veranschaulichung, dementsprechend bewertet, dargestellt.

	Risikoaverse Haushalte	Risikofreudige Haushalte	GB	IB	Risikoaverse Unternehmen	Risikofreudige Unternehmen	Ø
1. Kontaktkosten							2,0
2. Informationskosten	1	1	3	1	1	1	1,2
3. Informationsqualität	3	3	1	3	2	2	2,4
4. Informationsasymmetrie	1	1	1	3	1	2	1,4
5. Risikoneigung	1	3	1	3	1	3	2,0
6. Martktliquidität							1,0
							1,67

Tabelle 5: Merkmalsausprägung 4 bei unvollkommenem Kapitalmarkt und Trennbankensystem
(Eigene Darstellung)

Das arithmetische Mittel aller Merkmale liegt bei 1,67. Im Vergleich zu Universalbankensystemen mit einem Wert von 1,63 *(vgl. Tab. 4)* weisen Trennbankensysteme nur einen geringfügig höheren Durchschnittswert auf, obwohl die Merkmale einzeln betrachtet, durchaus unterschiedliche Ausprägungen annehmen. Es lässt sich ein *trade-off* beobachten, der die Unterschiede kompensiert. Insgesamt ist dieses Ergebnis insofern schlüssig, als das in der Realität Volkswirtschaften mit Universalbankensystem (bspw. Deutschland) und solche mit Trennbankensystem (bspw. USA) wirtschaftlich erfolgreich sein können. Dabei weisen sie in der einzelwirtschaftlichen Betrachtung z.T. beträchtliche Unterschiede, wie z.B. in der Art der Unternehmenskultur, der Wirtschaftspolitik oder Innovationsfähigkeit, auf.

2.6 Hypothesen

Anhand der in *2.5* gewonnenen und in den *Tabellen 4* und *5* veranschaulichten Erkenntnisse, lassen sich allgemeine Hypothesen, hinsichtlich der Eigenschaften von so verstandenen Universal- und Trennbankensystemen formulieren:

H1: Zur Verringerung der Informationsasymmetrie werden in Universalbankensystemen Kosten in Form von *signalling, monitoring* und *controlling* aufgewendet, die tendenziell über denen von Trennbankensystemen liegen.

Informationskosten (TBS < UBS).

H2: Die unter höheren Kosten gewonnenen und durch *relationship-lending* zugänglichen Informationen weisen in Universalbankensystemen eine tendenziell höhere Qualität auf. Gleichzeitig ermöglichen sie Synergieeffekte.

Informationsqualität (TBS < UBS).

H3: Aus H1 und H2 folgt eine stärker verringerte Informationsasymmetrie in Universalbankensystemen und somit geringere Anreize für *adverse Selektion* und *moral hazard*.

Informationsasymmetrie (TBS > UBS).

H4: Aus H1 bis H3 kann auf eine tendenziell geringere Fähigkeit der Abbildung von Informationen, i.S. der Effizienzmarkthypothese, geschlossen werden. Daraus folgt wiederum eine erhöhte Anfälligkeit für Finanzmarktanomalien im Zusammenhang mit der Koordination von Kapitalangebot und Kapitalnachfrage.

Stabilität (TBS < UBS).

3 Exkurs internationale Finanzmarktarchitektur

Bevor die in *2.6* auf theoretischer Basis formulierten Hypothesen empirisch geprüft werden, wird zunächst in *Abschnitt 3* die internationale Finanzmarktarchitektur in Form eines Exkurses umrissen. Der Exkurs dient der Veranschaulichung der Mechanismen, welche in den Finanzsystemen wirken. Zudem soll er eine Brückenfunktion zwischen den bereits formulierten theoretischen und den in *Abschnitt 4* folgenden empirischen Betrachtungen erfüllen.

3.1 Abgrenzung von Gütermärkten

Die theoretische Vorstellung von Güter- und Dienstleistungsmärkten kann nicht ohne Weiteres auf reale Finanzmärkte übertragen werden. Es ließe sich argumentieren, dass Finanzprodukte an sich und die Finanzintermediation als Dienstleistung Güter darstellen. Sie würden, wie andere (sachliche) Güter und Dienstleistungen einer Volkswirtschaft, produziert und gehandelt. Sie wären damit den Marktgesetzen von Angebot und Nachfrage, Wettbewerb und Konkurrenz unterworfen. Jedoch steht bereits die klassische Definition von Märkten dieser Vorstellung entgegen. Die Annahme, dass Finanzmärkte, wie Gütermärkte, dem Prinzip der negativen Rückkopplung unterworfen sind, trifft nicht zu. Ein hoher Preis für ein Finanzprodukt führt nicht zwangsläufig zu einer höheren *Produktion* und umgekehrt. Dieser Umstand kann u.a. darauf zurückgeführt werden, dass Finanzinnovationen keiner Knappheit unterworfen sind, die Angebot und Nachfrage bestimmen. Das Angebot an innovativen Finanzprodukten kann theoretisch nahezu unendlich ausgeweitet werden.[121]

Während auf Gütermärkten staatliche Eingriffe, in Form von Regulierungen ab einer bestimmten Intensität, zu Wohlfahrtsverlusten führen, ist dieses Risiko auf Finanzmärkten geringer. Relevant ist vor allem, dass das Kerngeschäft der FI sichergestellt ist.[122] *Priewe (2010)* spricht von einem gefährlichen Paradigma, wenn angenommen wird, dass Innovationen auf den Finanzmärkten per se die gleiche wohlfahrtssteigernde Wirkung haben, wie Innovationen im realwirtschaftlichen Sektor.[123]

---

[121] Vgl. Körner (2009): 521 und Blundell-Wignall et al. (2011): 16 f.
[122] Vgl. Dieter (2010): 16 f.
[123] Vgl. ebd.: 99.

Als Finanzintermediäre besitzen die Banken eine Schlüsselrolle in allen marktwirtschaftlich organisierten Volkswirtschaften, da sie die monetäre Infrastruktur sicherstellen.[124] Es kann zunächst angenommen werden, dass der überwiegende Teil der Gütermärkte eher eine atomistische Marktstruktur aufweist. Je höher der Wettbewerb der Unternehmen auf diesen Märkten, desto größer ist der Grad an Marktvollkommenheit.[125] Ist ein Unternehmen gezwungen aufgrund von hoher Wettbewerbsintensität einen Markt zu verlassen, sind aus diesem Marktaustritt i.d.R. keine signifikanten Auswirkungen auf die restlichen Wirtschaftsbereiche zu erwarten. Im Falle von FI hingegen, kann es durch die Vernetzung der Unternehmen untereinander (*too-interconnected-to-fail*) und durch die relative Unternehmensgröße eines Finanzinstitutes (*too-big-to-fail*) eher zur Entstehung systemischer Risiken im Falle einer Insolvenz kommen.[126]

3.2 Krisen

Diese Auswirkungen können in Abhängigkeit ihres Umfangs als Krisen beschrieben werden. Im Rahmen einer möglichst allgemeingültigen Begriffsbestimmung schlägt *Bonn (1998)* vor, Krisen allgemein als „[…] in ihrem Ausgang unsichere Prozesse von begrenzter Dauer und Beeinflussbarkeit, die Elemente eines Systems oder die Systeme selbst in ihrer Existenz bedrohen […]", zu definieren.[127] Das makroprudentielle Ziel ordnungspolitischer Maßnahmen sollte es also sein, die Stabilität der Systemelemente und somit des gesamten Finanzsystems zu gewährleisten.[128] Ein Finanzsystem kann dann als stabil bezeichnet werden, wenn es in der Lage ist, auch nach einer Störung die Solvenz und die Liquiditätsversorgung der Marktteilnehmer einer Geldwirtschaft weiterhin sicherzustellen. Und das in einer Form, dass die Funktionsweise der betroffenen Volkswirtschaft nicht nachhaltig beeinträchtigt wird.[129]

---

[124] Vgl. ebd.: 39.
[125] Vgl. Wöhe (2002): 498.
[126] Vgl. OECD (2011): 9.
[127] Vgl. ebd.: 14.
[128] Vgl. Rehm (2011): 319.
[129] Vgl. Blattner (2006): 3 und Deutsche Bundesbank.

3.2.1 Kreditklemme

Die Liquiditätsversorgung wäre beeinträchtigt, wenn die Finanzinstitutionen ihre Kernfunktion als Finanzintermediäre nicht mehr wahrnehmen. In dem Moment, in dem ein Nachfrageüberhang nach Krediten besteht, können nicht mehr alle Investitionen getätigt werden, die im Normalzustand getätigt würden. Dass hieße, zunächst wäre ein stagnierendes bzw. sinkendes Wirtschaftswachstum zu erwarten. Können die Unternehmen längerfristig keine Kredite aufnehmen und dies nicht durch Eigenmittel kompensieren, verringert sich ihre Innovations- und damit die Wettbewerbsfähigkeit.[130]

Betroffen sind davon in bankenorientierten Finanzsystemen vor allem die kleinen und mittleren Unternehmen. In der Regel sind sie bei der Durchführung ihrer Investitionen auf Fremdkapital angewiesen. So stellen bspw. KMU mit einem Anteil von 99 Prozent am Unternehmensbestand in der Europäischen Union (EU) die überwältigende Mehrheit dar. Vor dem Hintergrund, dass Investitionen in Innovationen bereits in Zeiten normaler wirtschaftlicher Entwicklung von KMU in über 60 Prozent der Fälle deswegen nicht getätigt werden können, weil der Zugang zu Finanzierungsquellen fehlt, können die gesamtwirtschaftlichen Auswirkung einer zusätzlichen Beschränkung in der Kreditvergabe durch FI kaum hoch genug eingeschätzt werden.[131] Ist der Nachfrageüberhang nicht auf den Risikoaufschlag für Investitionen oder ihre Rentabilität zurückzuführen, wird von einer Kreditklemme ausgegangen.[132]

Die Gründe, warum die FI ihre Kreditvergabe einschränken, können verschiedener Art sein. Ein breiter Vertrauensverlust auf dem Interbankenmarkt kann die Kreditvergabe von FI untereinander soweit beschränken, dass sie die Kreditvergabe an Nichtbanken ebenfalls einschränken.[133] Ebenso kann eine Unterkapitalisierung der Banken zu einer Kreditklemme führen. Verfallen bspw. die Preise für Vermögenswerte, wie Aktien, mit denen Eigenkapital unterlegt ist, verringert sich die Basis, auf der eine Kreditvergabe überhaupt erst möglich ist.

---

[130] Vgl. Bordo (2008): 2.
[131] Vgl. KfW (2009): 43 und 58.
[132] Vgl. Lenger/Ernstberger (2011): 367.
[133] Vgl. de la Motte et al. (2010).

In Erwartung einer schlechten konjunkturellen Entwicklung führt eine daraus abgeleitete schlechtere Bonität der Kreditnehmer ebenfalls zu einer Einschränkung bzw. prohibitiven Verteuerung der Kreditvergabe.[134]

3.2.2 Finanzmarktstabilität als öffentliches Gut

Es wird deutlich, dass ein funktionierendes – marktwirtschaftlich organisiertes – Wirtschaftssystem ohne ein funktionierendes Finanzsystem nicht möglich ist. Damit sind alle Wirtschaftssubjekte unmittelbar von der Stabilität des Finanzsystems abhängig und von Krisen gleichermaßen betroffen. Diese Nicht-Ausschließbarkeit vom und die Nichtrivalität im Konsum lassen die Interpretation zu, Finanzmarktstabilität als öffentliches Gut zu betrachten.[135] Eine Antwort auf das einleitende Zitat von *Rajan (2005)* wäre demnach, dass eine Krise auf Finanzmärkten durch Ansteckungseffekte schwerwiegende Auswirkungen auf die Gesamtwirtschaft hätte.[136] Je nach Grad der Vernetzung sind diese Wirkungen nicht begrenzt auf einen bestimmten Wirtschaftsraum. Dieser Umstand erschwert konzentrierte Maßnahmen zur Bekämpfung einer Krise. Es käme in der Folge nicht nur zu Abschreibungen von Investments der *rich sophisticated investors*. Weitaus existenzieller und nachhaltiger wären die *non-sophisticated* Steuerzahler bzw. Bürger betroffen, wenn es in der Folge einer Finanzkrise zu einem Rückgang des BIP und einem Rückgang der Beschäftigung kommt oder Staaten gezwungen sind, Finanzinstitute zu stützen. Damit lässt sich aus rein wohlfahrtstheoretischen Überlegungen ein ordnungspolitisches Eingreifen des Staates rechtfertigen, um die negativen externen Effekte zu mildern.[137]

Jedoch muss unterschieden werden, ob es sich bei Instabilitäten um solche handelt, die aus Anpassungsreaktionen der Marktteilnehmer, also dem Marktprozess an sich, oder aus Marktunvollkommenheiten resultieren. Die Herausforderung für Staaten liegt also darin, den Unterschied zu erkennen und dementsprechend geeignete Regulierungsmaßnahmen zu wählen. Insoweit aus dem Marktprozess keine systemischen Risiken erwachsen, sollte in diese nicht mehr als notwendig eingegriffen werden.

---

[134] Vgl. Rehm (2008b):316 und Lenger/Ernstberger (2011): 369 f.
[135] Vgl. Usslar (2010): 36.
[136] Siehe S. 1.
[137] Vgl. Bonn (1998): 41.

Sobald es aber zu Marktversagen kommt, müssen Regulierungs- und Kontrollinstitutionen geeignete Schritte unternehmen, um diesen Fehlentwicklungen entgegenzuwirken. *Knothe (2011)* spricht in diesem Zusammenhang von Finanzkrisen als durch staatliche Interventionen begleitete Marktbereinigungen.[138]

3.3 Finanzderivate

Wie bereits in *2.4* herausgearbeitet, haben Unternehmen unterschiedliche Möglichkeiten der Kapitalbeschaffung. Geschieht dies in Form von Anleihen oder der Emission von Aktien, treten Banken als Vermittler auf und bieten die Abwicklung als Dienstleistung an. Neben der Kapitalbeschaffung nutzen Unternehmen Kapitalmärkte aus weiteren Gründen. Jede unternehmerische Tätigkeit birgt verschiedenartige Risiken, die nicht direkt beeinflusst werden können. Um sich dennoch dagegen abzusichern, können Unternehmen über den Kapitalmarkt derivative Geschäfte tätigen.[139] Darunter werden hier alle Finanzinstrumente verstanden, die auf der Grundlage von Termingeschäften getätigt werden.

3.3.1 Absicherung

In ihrer ursprünglichen Form dienen Derivate dazu, eine sichere Kalkulationsbasis für Produzenten und Händler zu schaffen. Die Notwendigkeit dafür resultiert aus der Unvorhersehbarkeit von Preis-, Zins- oder Währungsentwicklungen.[140] Es kann bspw. ein Exporteur betrachtet werden, der sich gegen Wechselkursrisiken im Zielland absichern möchte. Sinkt der Wechselkurs, würde er für seine Waren weniger Geld erhalten. Um dies zu verhindern, kann er im Vorfeld ein Devisentermingeschäft abschließen. Das bedeutet, er geht eine Gegenposition zu seinem Grundgeschäft ein und sichert sich in der Gegenwart einen Wechselkurs, mit welchem er kalkulieren kann. Sinkt der Wechselkurs tatsächlich, erhält er aus diesem Devisentermingeschäft einen Gewinn, der den Verlust aus seinem Grundgeschäft kompensiert.

Stagniert oder steigt der Wechselkurs jedoch, werden für das Devisentermingeschäft nur Vermittlungs- und Verwaltungsgebühren fällig. Bei steigendem Wechselkurs könnte er sogar einen höheren Preis für seinen Export realisieren. Das Risiko, in diesem Fall die Wechselkursänderung, wird dabei nicht eliminiert, es

---

[138] Vgl. ebd.: 229.
[139] Vgl. OECD (2011): 36.
[140] Vgl. Brown (2001): 32 und Gesczy et al. (1997).

verschiebt sich nur innerhalb des Systems. Dazu ist es nötig, dass zu jedem Absicherungsgeschäft eine entsprechende Gegenposition am Markt auftritt. Analog zu dem obigen Beispiel könnte die Gegenposition ein Importeur sein, der sich gegen einen steigenden Wechselkurs absichern möchte. Für ihn würde unter umgekehrten Vorzeichen das gelten, was für den Exporteur gilt: Steigt der Wechselkurs, verteuern sich die Importe und er erhält weniger aus dem Verkauf. In diesem Fall ist der Derivatehandel ein Nullsummenspiel. Je nach Wechselkursentwicklung kann entweder der Importeur oder der Exporteur sein Geschäft erfolgreich absichern, während die entsprechende Gegenposition relativ verliert. Im Falle eines stagnierenden Wechselkurses würden wiederum nur Gebühren fällig. In allen Fällen würde der beauftragte Finanzintermediär, der hier nur als Vermittler auftritt, Gewinne, in Form von Gebühren, realisieren.

Beiden Beispielen liegen physische Geschäfte zugrunde. Damit kann der Derivatehandel aus Absicherungsmotiven, als Kombination einer Kassaposition – wie eines Handels – mit einer entgegengesetzten Terminposition, definiert werden.[141] So wie sich Händler hier gegen Wechselkursrisiken absichern können, ist es Produzenten möglich, sich mit Warentermingeschäften gegen Güterpreisänderungen abzusichern. Genauso ist es für die Banken selbst möglich, sich gegen die Risiken ihres Kerngeschäftes abzusichern, die sie nicht oder nur schlecht beurteilen können: Den Ausfall von vergebenen Krediten und Zinsänderungsrisiken. In diesem Fall treten sie jedoch nicht mehr in ihrer Funktion als Intermediäre auf, sondern werden selbst am Markt als Nachfrager und Anbieter von Derivaten tätig.[142]

3.3.2 Spekulations- und Arbitragegeschäfte

Neben dem Motiv der Risikoabsicherung besteht die Möglichkeit über spekulative Geschäfte, Gewinne im Handel mit Derivaten zu erzielen. Diese Spekulations- und Arbitragegeschäfte spielen letztlich nicht nur wegen ihres Volumens, sondern auch wegen der Risikokonzentration auf Finanzmärkten eine wichtige Rolle.[143] Dabei liegt dem getätigten, kein physisches Geschäft zugrunde. Es beruht ausschließlich aus der Erwartung von intertemporalen Preisänderungen und den damit potentiell möglichen Gewinnen. In dieser Form könnte am ehesten von

---

[141] Vgl. Lipke (2003): 26 f.
[142] Vgl. dazu z.B. Hentschel/Kothari (2001).
[143] Vgl. Bacchetta et al. (2011): 1.

einer Wette gesprochen werden, bei welcher der eine Vertragspartner den anderen Vertragspartner bei Eintritt eines bestimmten Ereignisses auszahlt.[144] Das zugrundeliegende Prinzip ist dabei immer das gleiche: Zwei Positionen treten am Markt in Beziehung, die unterschiedliche Erwartungen über die Entwicklungen eines Basiswertes haben. Damit wird die Risikoallokation zunächst verbessert. Die unterschiedlichen Marktteilnehmer verfügen über spezifische Informationen bzw. sie interpretieren die ihnen zugänglichen Informationen unterschiedlich, die sie in ihre Entscheidungen einfließen lassen. Je mehr Marktteilnehmer an diesem Prozess teilnehmen, desto differenziertere Positionen treten am Markt auf, woraus eine breitere Risikodiversifizierung abgleitet werden kann. Der Profit besteht damit in der relativ besseren Einschätzung bzw. Vorhersage der Zukunft.[145]

Es zeigt sich erneut die Abgrenzung zur neoklassischen Annahme eines vollkommenen Marktes.[146] Erst das Einnehmen der verschiedensten Risikopositionen, durch einen nicht informationseffizienten Markt, ermöglicht eine Entwicklung in Richtung einer *second best-Lösung*. Der Markt wäre zwar nicht vollkommen, jedoch insoweit stabil, als dass jede Risikoposition ihre Gegenposition besitzen würde. Allerdings werden durch das Spekulationsgeschäft auch Risikopositionen eingegangen, an denen die Anleger zuvor nicht beteiligt waren. Daraus resultierende größere Ungleichgewichte sind aber immer wieder der Grund für Krisen auf den Finanzmärkten. Im Fokus stehen hier hauptsächlich Leerverkäufe, denen eine destabilisierende Wirkung vorgeworfen wird.

Damit dies zutrifft, müsste jedoch ein Informationsversagen des Marktes vorausgesetzt werden. Erwarten Spekulanten das Sinken eines bestimmten Wertes, können sie sich von den Inhabern des Wertpapieres dieses leihen und verkaufen. Sinkt dann der Preis tatsächlich, können sie das Wertpapier günstiger zurückkaufen und dem Inhaber zurückübertragen. Die Differenz ist ihr Gewinn. Steigt der Preis wider Erwarten, müssen sie das Wertpapier zu einem höheren Preis zurückkaufen und realisieren einen entsprechenden Verlust. Die durch Leerverkäufe mehr am Markt angebotenen Papiere, senken den Kurs des Papieres. Theoretisch jedoch nur dann, wenn weitere Marktteilnehmer ebenfalls von einem Wertverlust

---

[144] Vgl. Meyer (2011): 391.
[145] Vgl. Stout (2011): 306.
[146] Vgl. Daxhammer (2004): 5 f.

ausgehen. Bei entsprechenden Gegenpositionen verändert sich der Kurswert aus den zusätzlich angebotenen Papieren nicht.

Daraus kann abgeleitet werden, dass diese Form von spekulativen Geschäften Preisentwicklungen nicht auslösen, aber befördern und beschleunigen kann. *Venkachatalam (1996)* kommt in seiner Arbeit jedoch zu dem Schluss, dass Banken in 50 Prozent der Fälle mit Derivatgeschäften zusätzliche Risiken aggregieren und nicht aus Absicherungsgründen am Kapitalmarkt tätig werden.[147] Für Nichtfinanzunternehmen zeigen *Bartram et al. (2006)*, dass ein Zusammenhang zwischen der Profitabilität eines Unternehmens und der jeweiligen Nutzung von Derivatgeschäften nicht zwingendermaßen besteht.[148]

3.3.3 Originate – to – distribute – Strategie

Formal werden die Investitionen also nicht einzeln und direkt getätigt. Die Investitionen, im Sinne des Kaufes von Wertpapieren, wie Anleihen, folgt dem Prinzip der *originate – to – distribute – Strategie*. Die der Investition zugrunde liegenden Basiswerte werden dazu zunächst an eine eigens zu diesem Zweck gegründete Gesellschaft *(special-purpose-vehicle, SPV)* verkauft. Diese fasst die Forderungen zu unterschiedlich strukturierten Portfolios zusammen, deren *senior tranche* in ihrer Bewertung durch die Ratingagenturen noch die höchste Bonitätsnote erhält. Die Ratingagenturen sind in diesem Zusammenhang die Akteure, die die Informationen bereitstellen, auf deren Grundlage Investitionsentscheidungen getroffen werden.

Rein rechtlich sind die so strukturierten Wertpapiere von dem Vermögen des ursprünglichen Herausgebers *(originator)* der Wertpapiere abgetrennt und können am Kapitalmarkt gehandelt werden. Dem gleichen Prinzip folgen Derivate und Optionsgeschäfte als Versicherungen für die dergestalt verbrieften Forderungen. Diese werden ebenfalls zusammengefasst, tranchiert und wieder als Wertpapiere gehandelt.[149] Insofern Investoren diese Wertpapiere ausschließlich aufgrund ihrer Bonitätsnote erwerben, ist die tatsächliche Risikostruktur der eigentlichen realwirtschaftlichen Forderungen, die den Wertpapieren zugrunde liegen, wie bspw. Hypothekenkredite, relativ bedeutungslos.[150] Es kommt zu einer Neubewertung

---

[147] Vgl. ebd.: 354.
[148] Vgl. ebd.: 205 f.
[149] Vgl. Krahnen (2005): 5 f.
[150] Vgl. Bordo (2008): 15.

auf Basis von Erwartungen der Investoren untereinander. Daraus entsteht das Risiko einer Unterbewertung der tatsächlichen Risiken.

Die derart virtuell geschaffenen Werte besitzen keine physische Gegenposition mehr. Folglich können die Forderungen nicht mehr durch direkte Informationen über einen physischen Wert bewertet werden. Aufgrund der Loslösung von Real- und Finanzwirtschaft spricht *Minsky* in diesem Zusammenhang vom *Money-Manager-Capitalism*, in welchem allein die von sachlichen Werten abstrahierte Vermögensverwaltung die treibende Kraft hinter der Finanzierung von Investitionen darstellt.[151] Er sieht darin die Gefahr, dass ausschließlich auf Grundlage von spekulativen Erwartungen Preise gebildet werden. Ist ab einem bestimmten Punkt kein Marktteilnehmer mehr bereit, den Preis zu bezahlen, kommt es zu einem breiten Preisverfall. In dessen Folge würden die zugrunde liegenden Positionen nicht relativ günstiger, sondern sie könnten, wie im Fall von Kreditausfallversicherungen, völlig wertlos werden. Daraus folgt ein massiver Liquiditätsverlust auf Seiten der Anleger, deren Liquidität nicht mehr für weitere Investitionen zur Verfügung stünde.[152]

---

[151] Vgl. Minsky, zitiert in Wray (2010): 9.
[152] Vgl. Brunnermeier et al. (2009): 2228.

4 Empirische Evidenz

Um im Fortgang Länder anhand ihrer Bankensysteme vergleichen zu können, ist zunächst die Einordnung jedes zu betrachtenden Landes, hinsichtlich seines Bankensystems, notwendig. Dabei müssen die in *2.2* idealtypisch herausgearbeiteten Bankensysteme für die empirische Betrachtung operationalisierbar gemacht werden. Reine Universal- bzw. Trennbankensysteme im modelltheoretischen Sinn sind in der Realität nicht anzutreffen.

4.1 Zuordnung Bankensystem

Barth et al. (2001) entwerfen dazu einen Ansatz, um Bankensysteme verschiedener Länder klassifizieren zu können.[153] Mit ihrem Indikator versuchen sie abzubilden, wie stark die Regulierungen eines Landes, hinsichtlich der zulässigen Geschäftsaktivitäten der Geschäftsbanken (GB), sind. Mit Regulierung ist in diesem Zusammenhang gemeint, ob die Geschäftsbanken eines Landes, im Rahmen der geltenden Gesetze, neben dem klassischen Einlagen- und Kreditgeschäft, in peripheren Geschäftsbereichen tätig sein dürfen oder ob sie diesbezüglich gesetzlichen Beschränkungen unterliegen.[154] Untersucht wurde der Grad der Einschränkungen in den Bereichen Wertpapierhandel, Versicherungen, Immobilienhandel und der Möglichkeit, Anteile an Nichtfinanzunternehmen zu halten.[155]

Jedem Merkmal wurde dazu ein ganzzahliger Wert zwischen 1 und 4 zugeordnet. So bedeutet ein Wert von 1, dass es den Geschäftsbanken uneingeschränkt möglich ist, im betrachteten Bereich direkt tätig zu sein. Ist es den Geschäftsbanken eines Landes prinzipiell möglich, uneingeschränkt im betrachteten Geschäftsfeld tätig zu werden, jedoch müssen sie dieses ganz oder teilweise über Tochtergesellschaften abwickeln, wird dem Land ein Wert von 2 zugewiesen. Gibt es Beschränkungen, hinsichtlich der Tätigkeit, und können diese nicht über die Auslagerung an Tochtergesellschaften umgangen werden, wird dem Land der Wert 3 zugeordnet. Wenn es den Geschäftsbanken gänzlich untersagt ist, im jeweiligen Geschäftsbereich tätig zu werden, wird dies mit 4 bewertet.

Aus den einzelnen zugeordneten Werten, der o.g. peripheren Geschäftsbereiche, wird über das arithmetische Mittel der Indikator ermittelt. Im weiteren Verlauf

---

[153] Vgl. ebd.
[154] Vgl. dazu 2.3.2.
[155] Vgl. Barth et al. (2001): 36 ff.

wird im Zusammenhang mit diesem Indikator vom Restriktionsgrad der Geschäftsbanken gesprochen. Je eher der Wert gegen 1,0 strebt, desto weniger unterliegen die Geschäftsbanken staatlichen Regulierungen, hinsichtlich der potentiell möglichen Geschäftstätigkeiten. So würde ein Wert von 1,0 auf ein Universalbankensystem, im modelltheoretischen Sinne, hindeuten. In den 28 ausgewählten Ländern trifft dies jedoch nur im Fall von Israel zu.[156] Die Geschäftsbanken aller anderen Staaten mit Universalbankensystem sind in unterschiedlicher Form Einschränkungen unterworfen.[157]

Je mehr der Wert gegen 4,0 strebt, desto eingeschränkter sind die Geschäftsbanken in ihren Geschäftstätigkeiten, die über das klassische Einlagen- und Kreditgeschäft hinausgehen. Der Bankensektor wäre dementsprechend fragmentierter und die den Geschäftsbanken nicht erlaubten Geschäftsbereiche würden von anderen Institutionen, wie Spezialbanken, übernommen. Diese dürften wiederum nicht bzw. nur eingeschränkt im klassischen Einlagen- und Kreditgeschäft tätig werden. Den Extremfall würde dann ein Gesamtindikatorwert von 4,0 darstellen. Er deutet auf ein reines Trennbankensystem hin, in dem es den Geschäftsbanken untersagt ist, in einem anderen Geschäftsbereich als dem Einlagen- und Kreditgeschäft tätig zu werden. Ein solcher Fall trifft jedoch für keines der ausgewählten Länder zu.

Für die weitere Einordnung der Länder im Fortgang der Studie wird angenommen, dass Länder mit einem Indikatorwert $I \leq 2,00$ tendenziell ein Bankensystem aufweisen, dass als Universalbankensystem (UBS) verstanden werden kann. Geschäftsbanken in Ländern mit einem Indikatorwert von $I > 2,00$ sind demnach stärkeren Regulierungen, hinsichtlich der Geschäftstätigkeit in den peripheren Geschäftsbereichen, unterworfen. In diesen Fällen wird von Trennbankensystemen (TBS) mit einem stärker fragmentierten Banksektor ausgegangen. Für den Vergleich wurden jene OECD-Staaten ausgewählt, für die möglichst vollständige Datensätze vorlagen.[158]

Aus *Tabelle 6* wird deutlich, dass anhand des Indikators 16 von 28 Ländern identifiziert werden können, die tendenziell ein Universalbankensystem aufweisen. Dementsprechend weisen 12 Länder Merkmale eines Trennbankensystems

---

[156] Vgl. Tab. 6.
[157] Detaillierte Merkmalsausprägung in Barth et al. (2001): 39 und Tab. 21.
[158] Anmerkung: OECD-Staaten ohne: Estland, Ungarn, Polen, Slowakische Republik, Slowenien, Tschechische Republik und Ungarn.

auf. Der durchschnittliche Restriktionsgrad beträgt für Universalbankensysteme 1,63, für Trennbankensysteme 2,71.[159] Bei den Staaten mit Trennbankensystem unterliegen die Geschäftsbanken in Japan und Mexiko mit einem Wert von 3,25 den stärksten Regulierungen.

		Restriktionsgrad der Geschäftsbanken	Universalbankensystem (UBS)/Trennbankensystem (TBS)
1.	Australien	2,00	UBS
2.	Dänemark	1,75	UBS
3.	Deutschland	1,75	UBS
4.	Finnland	1,75	UBS
5.	Frankreich	2,00	UBS
6.	Irland	1,75	UBS
7.	Israel	1,00	UBS
8.	Luxemburg	1,50	UBS
9.	Neuseeland	1,25	UBS
10.	Niederlande	1,50	UBS
11.	Norwegen	2,00	UBS
12.	Österreich	1,25	UBS
13.	Portugal	2,00	UBS
14.	Schweiz	1,50	UBS
15.	Spanien	1,75	UBS
16.	UK	1,25	UBS
17.	Belgien	2,50	TBS
18.	Chile	2,75	TBS
19.	Griechenland	2,25	TBS
20.	Island	2,75	TBS
21.	Italien	2,25	TBS
22.	Japan	3,25	TBS
23.	Kanada	2,25	TBS
24.	Südkorea	2,25	TBS
25.	Mexiko	3,25	TBS
26.	Schweden	3,00	TBS
27.	Türkei	3,00	TBS
28.	USA	3,00	TBS

Tabelle 6: **Staaten nach Bankensystem**
(Eigene Darstellung, Daten: Barth et al. (2001): 38ff.)

Mit der Zuordnung der Bankensysteme können die Staaten anhand geeigneter Merkmale verglichen und die in *2.6* formulierten Hypothesen überprüft werden. Die Kernfrage lautet hierbei, ob ein Zusammenhang zwischen dem Restriktionsgrad des Bankensystems und der betrachteten Variable gezeigt werden kann.

---

[159] Vgl. Tab. 7 und 10.

Aufgrund der geringen Grundgesamtheit von maximal $n = 28$, ist es jedoch nur eingeschränkt möglich, eindeutige Aussagen über die Beziehung zwischen den Variablen zu treffen. Es werden daher bewusst nur tendenzielle Interpretationen mithilfe der jeweiligen Trends, des arithmetischen Mittels sowie des Korrelationskoeffizienten vorgenommen.[160]

4.2 Indikatorenauswahl

Zunächst wird geprüft, inwieweit die ausgewählten Länder durch den Entwicklungsstand ihrer Finanzsysteme überhaupt vergleichbar sind. Als Mitglieder der OECD sind alle 28 Länder zunächst marktwirtschaftlich organisiert. Jedoch sind sie in vielen Bereichen zum Teil erheblich unterschiedlich entwickelt.[161] Um den Entwicklungsstand der jeweiligen Finanzsysteme abzubilden, wird daher zunächst der Financial Development Indicator (FDI) und der Subindikator für die jeweilige Banksystemstabilität des *World Economic Forums* für das Jahr 2011 betrachtet. Um Aussagen über die empirische Relevanz der in *2.6* aufgestellten Hypothesen treffen zu können, werden anschließend der *z-score*, die *Price-to-Rent-Ratio*, das *Verhältnis von Aufwand zu Ertrag*, das *Verhältnis von Gemeinkosten zu Aktiva*, die *Gesamtkapitalrentabilität*, die *Nettozinsspanne* sowie die relative *Häufigkeit systemischer Bankenkrisen* dargestellt. In Abhängigkeit der Verfügbarkeit der Daten wurden in den meisten Fällen die durchschnittlichen Werte für den Zeitraum von 1992-2009 ermittelt.

In diesem Zeitabschnitt wird in der Literatur die umfassende Umorientierung der einzelnen Finanz- und Wirtschaftsordnungen in Richtung des angelsächsischen, kapitalmarktorientierten Paradigmas verortet.[162] Da tiefgreifende strukturelle Veränderungen jedoch nur zeitverzögert wirken, müssten die betrachteten Daten umso aussagekräftiger sein. Der Auswahl der Variablen liegt dabei keine Willkür zugrunde. In jedem der folgenden Abschnitte wird die Auswahl begründet und das

---

[160] Anmerkung: Die Berechnung des Korrelationskoeffizienten erfolgt nach Pearson mit
$\rho_{xy} = \frac{cov\,(x,y)}{\sigma_x \cdot \sigma_y}$. Der Wert spiegelt dimensionslos die Stärke des linearen Zusammenhangs zwischen zwei Variablen wieder. Zur Interpretation gilt:
$|\rho| = [0]$ *kein linearer Zusammenhang*;
$|\rho| = [0; 0,5]$ *schwach linearer Zusammenhang*;
$|\rho| = [0,5; 0,8]$ *mittlerer linearer Zusammenhang*;
$|\rho| = [0,8; 1]$ *stark linearer Zusammenhang*.
[161] Vgl. dazu z.B. OECD (2011).
[162] Vgl. dazu z.B. Schmidt/Noth (2010): 1 oder Capelle-Blancard (2011): 8.

Teilergebnis kurz interpretiert. Eine Zusammenfassung und Interpretation der Ergebnisse erfolgt im anschließenden *Abschnitt 5*.

4.2.1 Financial Development Indicator

Der FDI stellt die finanzwirtschaftliche Entwicklung in 60 Ländern dar, die als führende Finanzsysteme und Kapitalmärkte ausgewählt wurden und somit als Taktgeber für die globale Wirtschaft gelten.[163] Warum bspw. Tansania und Ghana ausgewählt wurden, Luxemburg und Island hingegen nicht, erläutern die Autoren des Reportes nicht. Unabhängig davon, kann für 23 der 28 ausgewählten OECD-Staaten der FDI für das Jahr 2011 dargestellt werden *(vgl. Abb. 12)*.[164] Der Indikator nimmt dabei Werte zwischen 1 und 7 an, wobei ein Wert von 7 dem so definierten, höchsten Entwicklungsstand entsprechen würde.

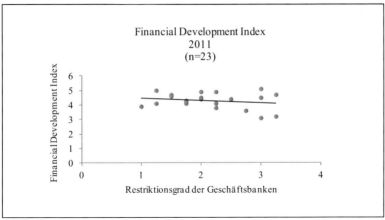

Abb. 12: Financial Development Index 2011
(Eigene Darstellung, Daten: World Economic Forum, Barth et al. (2001): 39 ff.)

Mit einem Korrelationskoeffizienten von -0,22 weisen die Daten auf einen schwach negativen, linearen Zusammenhang zwischen dem FDI und dem jeweiligen Bankensystem hin.[165] Aufgrund der tendenziell geringen Werte der Türkei und Mexiko, kann hier eine gewisse Verzerrung angenommen werden. Im arithmetischen Mittel liegt der FDI in der Ländergruppe mit Universalbankensystemen bei 4,39 und in der Ländergruppe mit Trennbankensystem bei 4,14.[166] Daraus lässt sich ableiten, dass zwischen der Art des Bankensystems und dem finanzwirt-

---

[163] Vgl. World Economic Forum (2011): XIII.
[164] Daten siehe Anhang: Abb. 22.
[165] Daten siehe Anhang: Abb. 22.
[166] Vgl. Tab. 7 und 10.

schaftlichen Entwicklungsstand kein signifikanter Zusammenhang zu existieren scheint. Gemessen am FDI befänden sich die betrachteten Länder im Durchschnitt auf etwa einem Niveau.

4.2.2 Banksystemstabilitätsindikator

Deutlicher wird dies am Beispiel eines Subindikators des FDI für das Jahr 2011, der die Banksystemstabilität des jeweiligen Landes messen soll *(vgl. Abb. 13)*.

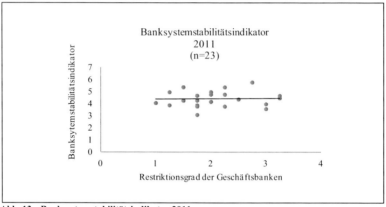

Abb. 13: Banksystemstabilitätsindikator 2011
(Eigene Darstellung, Daten: World Economic Forum, Barth et al. (2001): 39 ff.)

Zur Berechnung werden u.a. die Häufigkeit von Bankkrisen und die Kernkapitalquote *(TIER 1)* herangezogen.[167] Für die hier betrachteten Staaten, weist er einen Korrelationskoeffizienten von 0,05 zwischen Ländern mit Trennbankensystemen und Ländern mit Universalbankensystemen auf.[168]

Im Durchschnitt liegen die Ländergruppenwerte mit 4,35 (UBS) und 4,5 (TBS) ebenfalls nah beieinander.[169] Aus dieser Verteilung ließe sich ableiten, dass die spezifische Ausgestaltung des Bankensystems, bei der Unterscheidung in Universal- bzw. Trennbanken, keinen Einfluss auf seine Stabilität hat. Es wird im weiteren Verlauf deutlich, dass diese Interpretation zu hinterfragen ist. Aus der Auswertung alternativer Variablen über einen längeren Betrachtungszeitraum ließen sich auch andere Schlüsse ziehen.

---

[167] Für die detaillierte Zusammensetzung des Indikators siehe World Economic Forum (2011): 37 ff.
[168] Daten siehe Anhang: Abb. 23.
[169] Vgl. Tab. 7 und 10.

4.2.3 Z-score

So zeigt der durchschnittliche *z-score* für den Zeitraum von 1996 bis 2001 ein eher gegenteiliges Ergebnis. Der Indikator wird genutzt, um die Wahrscheinlichkeit von Bankinsolvenzen und darüber ihre Stabilität abzubilden.[170] Dabei gilt, dass mit steigendem Indikatorwert die Wahrscheinlichkeit von Bankinsolvenzen sinkt und umgekehrt. In *Abbildung 14* sind die *z-scores* der entsprechenden Länder aus der Arbeit von *Laeven/Levine (2008)* dargestellt.

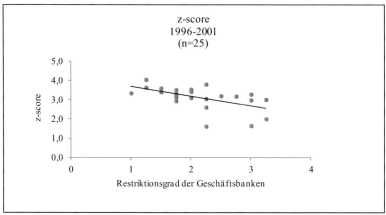

Abb. 14: Z-score 1996-2001
(Eigene Darstellung, Daten: Laeven/Levine (2008): 274 f. Barth et al. (2001): 39 ff.)

Aus dem Korrelationskoeffizienten von - 0,55 und dem linearen Trend, kann auf einen mittleren, negativen Zusammenhang geschlossen werden.[171] Zudem weisen die Werte für die Ländergruppe mit Trennbankensystem eine signifikant größere Streuung der Werte auf.

So liegt die Varianz mit 0,5 bei Trennbankensystemen etwa siebenmal so hoch, wie in Universalbankensystemen mit einem Wert von 0,07.[172] Die Wahrscheinlichkeit von Bankinsolvenzen kann anhand des *z-scores* in den betrachteten Ländern mit Trennbankensystem damit als tendenziell höher als in jenen mit Universalbankensystem eingeschätzt werden. Das Ergebnis stünde somit im Widerspruch zum Banksystemstabilitätsindikator des *World Economic Forums* für das

---

[170] Vgl. Laeven/Levine (2008).
[171] Daten siehe Anhang: Abb. 24.
[172] Vgl. Tab. 8 und 11.

Jahr 2011, der den ausgewählten Ländern in etwa das gleiche Stabilitätsniveau der Bankensysteme zuschreibt.[173]

4.2.4 Price-to-Rent-Ratio

Ein Indikator zur Messung von Über- bzw. Unterbewertung von Immobilien stellt die *Price-to-Rent-Ratio* dar. Sie wird aus dem Verhältnis von Kaufpreis und den Mietpreisen bzw. potentiellen Mieteinnahmen für 12 Monate gebildet. Es wird davon ausgegangen, dass wenn die Preise für Immobilien überdurchschnittlich schneller als die Mietpreise steigen, die Gefahr von Fehlbewertungen besteht. Gleiches gilt für den umgekehrten Fall bei überproportional stark steigenden Mieten und stagnierenden oder fallenden Immobilienpreisen.[174] Wie bereits genannt, können Finanzsysteme, hinsichtlich ihrer Fähigkeit, über die Preise Informationen abzubilden, unterschieden werden. Umso gleichgewichtiger dies geschieht, desto stabiler ist das Finanzsystem.

Das Auftreten von Anomalien, wie Preisblasen, wäre also ein Hinweis auf eine tendenzielle Dysfunktion des Kapitalmarktes.[175] In *2.6* wurde dies in den Hypothesen H2 und H3 formuliert. Trennbankensysteme würden demnach eine tendenziell niedrigere Informationsqualität (H2) und eine höhere Informationsasymmetrie (H3) im Vergleich zu Universalbankensystemen aufweisen. Die Anfälligkeit für Preisblasen läge in Trennbankensystemen entsprechend höher. Allgemein weisen der lineare Trend und ein Korrelationskoeffizient von -0,35 auf einen schwach negativen linearen Zusammenhang zwischen Bankensystem und *Price-to-Rent-Ratio* hin *(vgl. Abb. 15)*.[176]

---

[173] Vgl. 3.4.2.2.
[174] Vgl. dazu z.B. Himmelberg et al. (2005): 5.
[175] Vgl. Caccioli/Marsili (2010): 7.
[176] Daten siehe Anhang: Abb. 25.

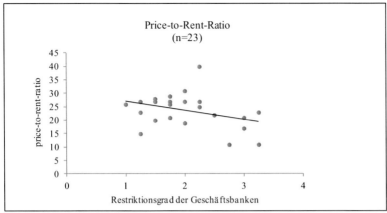

Abb. 15: Price-to-Rent-Ratio 2012
(Eigene Darstellung, Daten: www.globalpropertyguide.com, letzter Zugriff 05.06.2012.[177] Barth et al. (2001): 39 ff.)

Dies würde bedeuten, dass mit zunehmender Fragmentierung des Bankensektors tendenziell entweder die Mieten unter- bzw. die Immobilienpreise überbewertet sind. Für die Interpretation wichtiger scheint jedoch die Streuung der Werte. Die Stichprobenvarianz liegt in den Ländern mit Universalbankensystem nahezu viermal niedriger, als in den betrachteten Ländern mit Trennbankensystem.[178] Daraus ließe sich ableiten, dass in Ländern mit Trennbankensystem – hier betrachtet für den Fall der Bewertung von Immobilien – die Abbildung von Informationen über die Preise tendenziell volatiler und somit weniger stabil ist. Der Grund könnte darin vermutet werden, dass mit zunehmenden Restriktionsgrad die einzelnen Banken zum einen weniger Kosten zur Informationsgewinnung aufwenden und zum anderen die Synergieeffekte, hinsichtlich der Wertbeurteilung, nicht mehr realisiert werden können.

4.2.5 Cost-Income-Ratio

Zur Messung der Produktivität bzw. Effizienz von Banken wird in der Literatur zumeist die *Cost-Income-Ratio* (CIR) herangezogen.[179] Sie beschreibt allgemein das Verhältnis von Aufwand zu Ertrag einer Investition.[180]

---

[177] Anmerkung: www.globalpropertyguide.com wird u.a. vom World Economic Forum als Datenquelle genutzt.
[178] Vgl. Tab. 7 und 10.
[179] Vgl. z.B. Barth et al. (2001).
[180] Vgl. Burger/Moormann (2008): 86 f.

Indem die Kosten in Relation zu den operativen Einnahmen gesetzt werden, drückt die CIR aus, wie viele Geldeinheiten als Input notwendig sind, um daraus eine Geldeinheit als Output zu generieren.[181] Eine tendenziell höhere CIR weist dementsprechend auf eine niedrigere Effizienz hin et vice versa. Aus *Abbildung 16* ergibt sich ein schwach linearer Zusammenhang, hinsichtlich der CIR und der Ausgestaltung des Bankensystems.

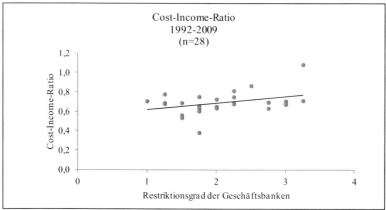

Abb. 16: Cost-Income-Ratio 1992-2009
(Eigene Darstellung, Daten: Beck et al. (2010). Barth et al. (2001): 39 ff.)

Der Korrelationskoeffizient liegt bei 0,38.[182] Wird die Effizienz anhand der CIR beurteilt, läge sie somit in Trennbankensystemen im Durchschnitt tendenziell niedriger. Die Banken müssen vergleichsweise mehr Kosten aufwenden, um eine Geldeinheit Output zu generieren.

4.2.6 Gemeinkosten/Aktiva

Eine weitere Möglichkeit der Messung von Effizienz in Unternehmen bzw. Banken stellt das Verhältnis der Gemeinkosten zu den Aktiva dar. Die Gemeinkosten umfassen in der Betriebswirtschaftslehre all jene Kosten, die einem Bezugsobjekt nicht direkt, sondern nur über Hilfsgrößen zugeordnet werden können.[183] Vereinfachend können sie auch als indirekte Kosten verstanden werden, die u.a. zur allgemeinen Verwaltung eines Unternehmens aufgewendet werden müssen.

Aus dem Gesichtspunkt der Effizienz betrachtet, deuten tendenziell höhere indirekte Kosten in Relation zu den Aktiva auf eine vergleichsweise niedrigere Effizi-

---

[181] Vgl. Deutsche Bundesbank.
[182] Daten siehe Anhang: Abb. 26.
[183] Vgl. Friedl (2010): 36.

enz und umgekehrt hin. *Abbildung 17* zeigt, bei Vernachlässigung der Extremwerte von Türkei und Mexiko, dass aus dem Vergleich vom Bankensystem und der Relation von Gemeinkosten und Aktiva kein linearer Zusammenhang abgeleitet werden kann.

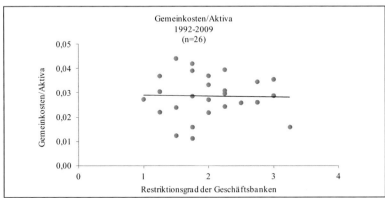

Abb. 17: Gemeinkosten/Aktiva 1992-2009
(Eigene Darstellung, Daten: Beck et al. (2010). Barth et al. (2001): 39 ff.)

Der Korrelationskoeffizient liegt bei -0,02.[184] Im arithmetischen Mittel weisen beide Ländergruppen mit 0,028 (UBS) und 0,029 (TBS) nahezu identische Werte auf. Bemerkenswert ist jedoch, dass die Streuung der Werte in Universalbankensystemen im Vergleich zu Trennbankensystemen etwa doppelt so hoch ausfällt.[185]

4.2.7 Gesamtkapitalrentabilität

Zur Darstellung der Rentabilität des Bankensektors kann die Rendite des Gesamtkapitals betrachtet werden. Aufgrund der Verzerrung der einzelnen Ergebnisse durch den sog. *Leverage-* bzw. *Hebeleffekt* beim Vergleich der Eigenkapitalrentabilität, wird auf deren Darstellung hier verzichtet.[186] Die Daten sind jedoch im Anhang verfügbar.[187]

Die Gesamtkapitalrentabilität der einzelnen Banken (*Return-on-Assets* bzw. ROA) ergibt sich aus der Summe von Jahresüberschuss und Fremdkapitalzinsen im Verhältnis zum Gesamtkapital, multipliziert mit 100.[188] Der ROA gibt demnach wieder, in welcher Höhe das investierte Kapital verzinst wurde und berücksichtigt

---

[184] Daten siehe Anhang: Abb. 27.
[185] Vgl. Tabelle 8 und 11.
[186] Zum *Leverage-Effekt* vgl. bspw. Wöhe (2002): 754 f.
[187] Siehe Tabelle 8 und 11.
[188] Vgl. Perridon/Steiner (2007): 561. $ROA = \frac{Jahresüberschuss + Fremdkapitalzinsen}{Gesamtkapital} \cdot 100$.

dabei, im Gegensatz zur Eigenkapitalrentabilität, auch die zu zahlenden Verbindlichkeiten auf das Fremdkapital unter Vernachlässigung des *Leverage-Effektes*.[189] Wie in *Abbildung 18* für den Zeitraum von 1992-2009 dargestellt, ergibt sich mit einem Korrelationskoeffizienten von 0,23 ein schwach linearer Zusammenhang zwischen Restriktionsgrad und dem durchschnittlichen ROA.[190]

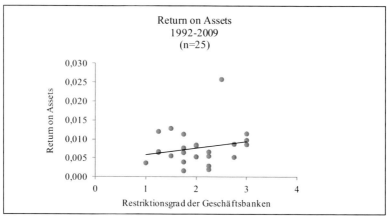

Abb. 18: Return on Assets 1992-2009
(Eigene Darstellung, Daten: Beck et al. (2010). Barth et al. (2001): 39 ff.)

Mit zunehmender Fragmentierung des Bankensektors, steigt tendenziell die Rendite des eingesetzten Kapitals und damit das Risiko. Dieses Zwischenergebnis deckt sich mit den Aussagen von *Hackethal/Kotz (2008)*. Demnach wären realisierte oder angestrebte Kapitalrenditen über 12 Prozent, mit überproportional hohen Risiken verbunden und langfristig nicht stabil.[191]

4.2.8 Nettozinsspanne

Unterstützt wird dieses Ergebnis, wenn die Nettozinsspannen des Bankensektors der Länder miteinander verglichen werden. Sie wird aus dem realisierten Überschuss im zinsabhängigen Geschäft, abzüglich der jeweiligen Risikoaufwendungen, ermittelt.[192] Für den Zeitraum von 1992 bis 2009 ergibt sich im Durchschnitt, bei einem Korrelationskoeffizienten von 0,52, ein mittlerer linearer Zusammenhang zwischen Nettozinsspanne und Restriktionsgrad.[193] Mit zunehmender Frag-

---

[189] Vgl. Wöhe (2002): 47.
[190] Daten siehe Anhang: Abb. 28.
[191] Vgl. ebd. Anmerkung: In der Studie werden die Eigenkapitalrenditen der Banken betrachtet.
[192] Vgl. Zepp (2007): 202.
[193] Daten siehe Anhang: Abb. 29.

mentierung des Bankensektors, steigt sowohl die Volatilität der Nettozinsspannen als auch der durchschnittliche Wert selbst *(vgl. Abb. 19).*

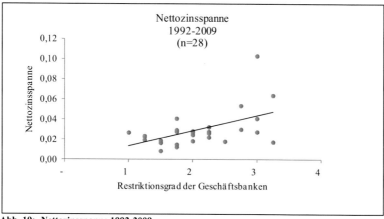

Abb. 19: Nettozinsspanne 1992-2009
(Eigene Darstellung, Daten: Beck et al. (2010). Barth et al. (2001): 39 ff.)

Das Ergebnis kann dahingehend interpretiert werden, dass in Trennbankensystemen die tendenziell höhere Erwartungsunsicherheit und damit das höhere Risiko, über einen höheren Zins abgebildet wird. Im Umkehrschluss würde der tendenziell niedrigere Zins in den Ländern mit Universalbankensystem auf eine niedrigere Erwartungsunsicherheit hindeuten. Ein Erklärungsansatz wäre eine verminderte Informationsasymmetrie. Diese könnte wiederum auf höhere Aufwendungen zur Informationsgewinnung zurückgeführt werden. Die größeren Informationskosten würden, in Form von Risikoaufwendungen, in einer stärkeren Reduzierung der Bruttozinsspanne ausgedrückt.

4.2.9 Systemische Bankenkrisen 1970 bis 2009

Wie bereits dargestellt, ist die Fähigkeit von Finanz- bzw. Bankensystemen beim Auftreten von Finanzkrisen, die Liquiditätsversorgung der Wirtschaft weiterhin sicher zu stellen, von immenser Bedeutung.[194] Ebenso drückt sich die Stabilität von Finanzsystemen über die generelle Anfälligkeit für Finanzkrisen aus, welche über die Häufigkeit des Auftretens abgebildet werden kann. *Laeven/Valencia (2008/2010)* stellen in ihren Arbeiten Finanzkrisen für den Zeitraum von 1970 bis 2009 dar. Dabei unterscheiden sie systemische Bankenkrisen von Währungs- und

---

[194] Vgl. 3.2.

Schuldenkrisen.[195] Eine Bankenkrise wird dann als systemisch klassifiziert, wenn sowohl im realwirtschaftlichen, als auch im finanzwirtschaftlichen Sektor eine signifikante Anzahl von Insolvenzen gemessen werden kann. Zudem treten in ihnen verstärkt Liquiditäts- und Solvenzprobleme in Form von Zahlungsausfällen auf, die die Kapitalbasis der Finanzinstitute in großem Umfang angreifen. Dadurch käme es zu steigenden realen Zinsraten und einem breiten Preisverfall von Vermögenswerten.[196] Sind diese Merkmale in hinreichendem Maße erfüllt, wird eine Bankenkrise als systemisch eingestuft.

Die Definition von *Laeven/Valencia* entspricht dabei dem in der Literatur üblichen Verständnis von systemischen Bankkrisen.[197] Da der Fokus der Studie auf dem Bankensektor liegt, erscheint ein undifferenziertes Zusammenfassen der unterschiedlichen Krisenarten nicht zweckmäßig. Aus den vorliegenden Daten lassen sich keine Rückschlüsse darauf ziehen, inwiefern Währungs- und Schuldenkrisen spezifisch auf den Bankensektor zurückgeführt werden können. Daher wird nachfolgend ausschließlich die relative Häufigkeit von systemischen Bankenkrisen betrachtet. Sie wird gebildet aus der jeweiligen absoluten Häufigkeit in Relation zur Anzahl der Länder, die den gleichen Restriktionsgrad aufweisen. Aufgrund der 2007 einsetzenden, internationalen Finanz- und Wirtschaftskrise sind in *Abbildung 20* zunächst nur die systemischen Bankenkrisen von 1970 bis 2007 dargestellt.

---

[195] Vgl. ebd.
[196] Vgl. Laeven/Valencia (2008): 5.
[197] Vgl. dazu z.B. Miles et al. (2011): 26.

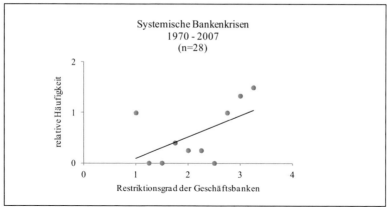

Abb. 20: Relative Häufigkeit systemischer Bankenkrisen bis 2007
(Eigene Darstellung, Daten: Laeven/Valencia (2008): 32 ff. Barth et al. (2001): 39 ff.)

Da die Krise noch nicht als beendet angesehen werden kann, handelt es sich bei den vorliegenden Daten u.U. noch nicht um die endgültigen Zahlen. In einem Zeitraum von 37 Jahren konnten in den 16 ausgewählten Ländern mit Universalbankensystem insgesamt vier systemische Bankenkrisen, im Sinne der o.g. Definition, festgestellt werden. Im selben Zeitraum wurden in den 12 betrachteten Ländern mit Trennbankensystem 10 systemische Bankenkrisen identifiziert. Der Korrelationseffizient weist mit 0,56 auf einen mittleren linearen Zusammenhang hin.[198] Mit zunehmendem Restriktionsgrad der Geschäftsbanken, steigt die Anzahl an systemischen Bankenkrisen.

Wird die internationale Finanz- und Wirtschaftskrise von 2007 in die Betrachtung mit einbezogen, erhöht sich der Korrelationseffizient auf 0,69.[199] Der Trend bleibt linear positiv. In der Ländergruppe mit Universalbankensystem steigt die Anzahl der festgestellten systemischen Bankenkrisen von 4 auf 15. Gleichzeitig erhöht sich ihre Anzahl in den 12 Ländern mit Trennbankensystem von 10 auf 16 *(vgl. Abb. 21)*.

---

[198] Daten siehe Anhang: Abb. 30.
[199] Daten siehe Anhang: Abb. 31.

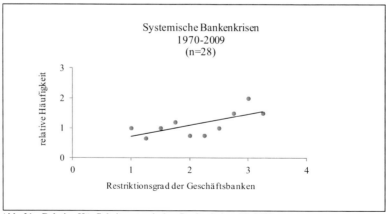

Abb. 21: Relative Häufigkeit systemischer Bankenkrisen bis 2009
(Eigene Darstellung, Daten: Laeven/Valencia (2008): 32 ff.; Laeven/Valencia (2010): 11; 30 ff.; Barth et al. (2001): 39 ff.)

Die Wahrscheinlichkeit, dass eine beobachtete systemische Bankenkrise in einem Land mit Trennbankensystem auftritt, ist somit, auch unter der Einbeziehung der Finanzkrise von 2007, tendenziell höher. Die bisherigen theoretischen und empirischen Erkenntnisse, hinsichtlich einer erhöhten Volatilität der Merkmale im Allgemeinen, einer größeren Informationsasymmetrie sowie Erwartungsunsicherheit und der daraus ableitbaren tendenziell erhöhten Instabilität in der Ländergruppe mit Trennbankensystemen, scheint durch das vermehrte Auftreten systemischer Bankenkrisen bestätigt.

5 Ergebnis

Die bisherigen Zwischenergebnisse können wie folgt zusammengefasst werden. Zunächst werden, anhand der in *Abschnitt 4* gewonnen empirischen Erkenntnisse, die in *2.6* auf Basis von theoretischen Überlegungen formulierten Hypothesen überprüft. Im Anschluss erfolgt eine kritische Auseinandersetzung mit den Ergebnissen und der Studie im Allgemeinen.

5.1 Überprüfen der Hypothesen

Es ist festzustellen, dass sich die in *2.6* aufgestellten Hypothesen anhand der empirischen Ergebnisse weitestgehend bestätigen lassen.

5.1.1 H1 Informationskosten

> H1: Zur Verringerung der Informationsasymmetrie werden in Universalbankensystemen Kosten in Form von *signalling, monitoring* und *controlling* aufgewendet, die tendenziell über denen von Trennbankensystemen liegen.
>
> $Informationskosten\ (TBS < UBS)$.

Die betrachtete Relation von Gemeinkosten und Bankaktiva deutet zunächst nicht darauf hin, dass die Banken in Universalbankensystemen tendenziell mehr Kosten aufwenden, als die Banken in Trennbankensystemen. Jedoch kann aus der tendenziell niedrigeren Nettozinsspanne darauf geschlossen werden, dass der Anteil an Kosten für Risikoaufwendungen in Universalbankensystemen höher ausfällt. Die höhere Streuung der Werte in Trennbankensystemen kann wiederum als erhöhte Erwartungsunsicherheit interpretiert werden. Die aus der Theorie abgeleitete Hypothese ließe sich daran empirisch bestätigen.

5.1.2 H2 Informationsqualität

> H2: Die unter höheren Kosten gewonnenen und durch *relationship-lending* zugänglichen Informationen weisen in Universalbankensystemen eine tendenziell höhere Qualität auf.
>
> $Informationsqualität\ (TBS < UBS)$.

Anhand der *Price-to-Rent-Ratio* konnte gezeigt werden, dass sich mit zunehmender Regulierungsintensität, die Volatilität bei der Bewertung von Immobilien im Durchschnitt vervierfacht.

Daraus ließe sich ableiten, dass in Trennbankensystemen die Abbildung von Informationen über die Bewertung von Immobilien ungleichgewichtiger stattfindet. Die Informationsqualität wäre in diesem Fall geringer. Aus der höheren durchschnittlichen Nettozinsspanne in Trennbankensystemen und der erhöhten Volatilität, kann ebenfalls auf eine niedrigere Informationsqualität geschlossen werden. Aufgrund der niedrigeren Informationsqualität ist die Erwartungsunsicherheit größer, die über einen erhöhten Zinssatz abgegolten wird. Die Hypothese ließe sich anhand dessen zunächst bestätigen.

5.1.3 H3 Informationsasymmetrie

H3: Aus H1 und H2 folgt eine stärker verringerte Informationsasymmetrie in Universalbankensystemen und somit geringere Anreize für *adverse Selektion* und *moral hazard*.
$$Informationsasymmetrie\ (TBS > UBS).$$

Mit den in *5.1.1* und *5.1.2* gewonnenen Erkenntnissen, kann angenommen werden, dass die Informationsasymmetrie in Universalbankensystemen tendenziell stärker abgebaut wird, als in Trennbankensystemen. Infolgedessen sind die Anreize für *moral hazard* und *adverse Selektion* in Universalbankensystemen reduziert. Die Hypothese kann somit ebenfalls bestätigt werden.

5.1.4 H4 Stabilität

H4: Aus den Hypothesen H1 bis H3 kann auf eine tendenziell geringere Fähigkeit der Abbildung von Informationen, i.S. der Effizienzmarkthypothese, geschlossen werden. Daraus folgt wiederum eine erhöhte Anfälligkeit für Finanzmarktanomalien im Zusammenhang mit der Koordination von Kapitalangebot und Kapitalnachfrage.
$$Stabilität\ (TBS < UBS).$$

Die reduzierten Anreize für *moral hazard* und *adverse Selektion* weisen bereits auf eine erhöhte systemische Stabilität der jeweiligen Finanzsysteme in den Ländern mit Universalbankensystem hin.
Wird die tatsächliche Häufigkeit von systemischen Bankenkrisen betrachtet, konnte gezeigt werden, dass in den ausgewählten Ländern mit Universalbankensystem signifikant weniger Bankenkrisen im Vergleich zu Ländern mit Trennbankensystem beobachtet werden können. Zusammen mit den vorhergehenden Aus-

führungen kann dementsprechend auf eine tendenziell höhere Stabilität von Universalbankensystemen geschlossen werden.

5.2 Kritik und Vorbehalte

Die formulierten Thesen und Ergebnisse müssen kritisch gesehen werden. Methodisch wurde sich vor allem an den empirischen Arbeiten von *Barth et al. (2000), Beck et al. (2010)* und *Laeven/Valencia/Levine (2008/10)* orientiert. Sie entspricht daher der in der Literatur üblichen Vorgehensweise, was natürlich in keiner Form die Schwächen aufhebt. Zu berücksichtigen ist zunächst, wie o.g., die Problematik der verhältnismäßig geringen Anzahl der betrachteten Länder. Sie resultiert aus der Notwendigkeit, unterschiedliche Datenquellen miteinander zu kombinieren und den Umfang zu begrenzen. Daraus folgt jedoch u.U. eine Verzerrung der Ergebnisse, wenn dann die Merkmalsausprägungen von bspw. den USA und Griechenland gleichgewichtet in die Trendbetrachtung mit einfließen. Methodisch würde daher ein umfassender und detaillierterer Vergleich einzelner Volkswirtschaften vermutlich zu konsistenteren Einzelergebnissen führen. Zur Beurteilung der Gesamtstabilität der Finanzsysteme ist diese aber notwendig, weswegen die Einschränkungen in Kauf genommen werden müssen.[200]

Ein weiterer Kritikpunkt ist der Umstand, dass keine Netz- bzw. Synergieeffekte betrachtet werden, die aus der Verflechtung der Finanzmärkte und der Bankensysteme untereinander erwartet werden können. Sie hätten wiederum Einfluss auf die jeweilige Performance des einzelnen Bankensektors. Die Daten der jeweiligen Länder stehen somit isoliert für sich, Wechselwirkungen wurden nicht betrachtet. Ebenso wird die individuelle Geld- und Fiskalpolitik der Staaten bzw. Zentralbanken vernachlässigt, die definitiv die Performance der Bankensektoren beeinflusst. Darüber hinaus ließen sich noch weitere, einschränkende bzw. dekonstruierende Argumente gegen die Interpretation der Ergebnisse finden. *Hackethal/Schmidt (2000)* weisen auf die allgemeine Problematik bei der akademisch-analytischen Betrachtung realer Systeme hin.[201] So wären diese keine statischen Objekte, sondern komplex gestaltete, kaum abgrenzbare, miteinander vielfältig verbundene Systeme, die sich in einem stetigen Wandel befänden. Im Besonderen gelte das für Finanz- und Bankensysteme. Daher bestünde die Gefahr,

---

[200] Vgl. Morris/Shin (2008): 233.
[201] Vgl. ebd.: 35 ff.

dass die gedanklich – theoretische Konstruktion des Systems letztlich nur ein Abbild der verwendeten Beobachtungen darstellt. Mit einer anderen Methodik und anderen Variablen, die über veränderte Zeitabschnitte betrachtet werden, ließen sich auch andere Ergebnisse formulieren.

Dem ambitionierten Anspruch einer umfassenden Untersuchung von Trenn- und Universalbankensystemen konnte die Studie rückblickend nicht gerecht werden. Die Gründe liegen in der Komplexität der Thematik, welche z.T. Abstrahierungen notwendig macht, die mit einer anderen Gewichtung womöglich Sachverhalte und Zusammenhänge unzulässig übergeht. Mit einer eindeutigeren Abgrenzung im Vorfeld hätte dies vermieden bzw. eingeschränkt werden können. Ungeachtet dessen, konnten im empirischen Teil verschiedene interessante Ansätze für weitergehende Betrachtungen formuliert werden.

Positiv ließe sich herausheben, dass, soweit bekannt, in dieser Form noch keine Analyse von Ländern, hinsichtlich verschiedener Merkmale in Relation zum Restriktionsgrad der Bankensektoren, vorgenommen wurde. Bei *Barth et al. (2001)*, deren Arbeit erst die Klassifikation der Bankensysteme ermöglicht, liegt der Fokus vor allem auf dem Zusammenhang von regulatorischer Ausgestaltung bzw. Eigentümerstruktur und der Häufigkeit von Finanzkrisen.[202] Dagegen stellen *Laeven/Valencia (2008/10)* hauptsächlich Datenmaterial von Finanzkrisen zwischen 1970 und 2009 für weitergehende Betrachtungen zur Verfügung.[203] Aus der Datenbank von *Beck et al. (1999/2010)* mit umfassendem, jedoch uninterpretiertem Material zur globalen Finanzstruktur- und Entwicklung, wurden die meisten Daten entnommen und in Relation zum Restriktionsindikator von *Barth et al. (2001)* gesetzt.[204]

---

[202] Vgl. ebd.
[203] Vgl. ebd.
[204] Vgl. ebd.

Fazit und Ausblick

Ziel der Studie war es, Universalbankensysteme mit Trennbankensystemen zu vergleichen, um Aussagen darüber treffen zu können, in welchem System es den Banken als Finanzintermediäre tendenziell besser gelingt, die verfügbaren Informationen abzubilden. Es wurde angenommen, dass aus einer besseren Informationsverteilung gleichzeitig ein gleichgewichtigeres Ergebnis an den Kapitalmärkten erreicht werden kann, was wiederum Anomalien reduziert und das Finanzsystem insgesamt stabilisiert. Im ersten Abschnitt wurden zunächst die theoretischen Grundlagen anhand der neoklassischen Effizienzmarkthypothese für perfekte Kapitalmärkte erläutert. In Abgrenzung zur Annahme vollkommener Märkte, wurden dann der Transaktionskosten-Ansatz und der Prinzipal-Agent-Ansatz der Neuen Institutionenökonomik dargestellt.

Sie sollten zeigen, dass bei Annahme unvollkommener Kapitalmärkte aus der Interaktion der Marktteilnehmer durch Informationsasymmetrie Marktergebnisse resultieren können, die nicht über den neoklassischen Ansatz erklärt werden können. Ebenso wurde gezeigt, wie auf unvollkommenen Kapitalmärkten den Banken die Funktion der Finanzintermediation von Angebot und Nachfrage zukäme. Erst durch sie wird ein Transaktionskostenniveau erreicht, welches den Markttausch ermöglicht. Der theoretische Teil schließt mit der Formulierung von Hypothesen, die im Fortgang geprüft werden.

Dazu wurde zunächst im dritten Abschnitt die internationale Finanzmarktarchitektur, in Form eines Exkurses, umrissen. Im anschließenden Abschnitt wurden Länder anhand verschiedener Merkmale in Abhängigkeit ihres Bankensystems miteinander verglichen. Im Ergebnis kann festgestellt werden, dass aus der einleitend erwähnten Forderung nach einer Abtrennung des klassischen Einlagen- und Kreditgeschäftes von den peripheren Geschäftsbereichen, wie dem Investmentbanking, keine signifikante Verbesserung, hinsichtlich der Stabilität oder der Krisenanfälligkeit, herbeigeführt würde. Im Gegenteil scheinen Universalbankensysteme stabiler zu sein und weniger zur Bildung von Klumpenrisiken zu neigen. Dies wurde an der niedrigeren Nettozinsspanne, der niedrigeren Kapitalrendite und schließlich an dem verringerten Auftreten von systemischen Bankkrisen gezeigt.

Werden die Bankensektoren insgesamt verglichen, ergeben sich über das Aufwand-Ertrag-Verhältnis und den ROA auch keine signifikanten Effizienzgewinne für das eine oder andere Bankensystem. Eine Begrenzung der Risiken auf einen Geschäftsbereich ließe sich als Stabilitäts- bzw. Kontrollillusion beschreiben.[205] So war 2008 der Auslöser der internationalen Finanzkrise die Insolvenz der reinen Investmentbank *Lehman Brothers*. Das Trennbankensystem der USA (und weitere Faktoren) begünstigten zunächst die Entwicklungen in Form der Unterbewertung sowie Fehlallokation von Bonitätsrisiken. Es konnte letztendlich die Ansteckung weiterer Wirtschaftsbereiche nicht verhindern.[206]

Verliert ein Finanzsystem aufgrund einer hinreichend großen Krise seine Kernfähigkeit, die Liquiditätsversorgung der Wirtschaft zu gewährleisten, sind alle Individuen gleichermaßen betroffen. Wie beschrieben, kann die Stabilität des Finanzsystems als öffentliches Gut verstanden werden. Durch den technischen Fortschritt, die intensivere Vernetzung und die Mobilität des Faktors Kapital lassen sich die Auswirkungen von umfassenden Finanzkrisen nicht mehr begrenzen, weder auf ein politisches Gebilde, wie einen Staat, einen Wirtschaftsraum oder den Geltungsbereich gesetzlicher Vereinbarungen.

Die ordnungspolitische Implikation wäre es demnach, makroprudentiell orientierte Instrumente zu finden, die auf das internationale Finanzsystem insgesamt wirken und es stabilisieren.[207] Nationale Maßnahmen würden u.U., durch das Ausweichen in Länder mit günstigerem Regulierungsrahmen, zu Regulierungsarbitrage führen und das Risiko damit nur verlagern. Anhaltspunkte dafür, dass eine Stabilisierung über das Instrument der gesetzlichen Restriktion der Geschäftstätigkeit von Banken auf bestimmte Geschäftsbereiche erreicht würde, konnten im Rahmen dieser Studie nicht gefunden werden.

---

[205] Vgl. Körner (2009): 523.
[206] Vgl. dazu z.B. Vaubel (2010): 313.
[207] Vgl. dazu z.B. Rehm (2011): 319.

Anhang

	Banken dürfen Unternehmens-anteile halten[1]	Regulierungs-intensität[1]	Universal-bankensystem	Financial Development Indicator 2011[2]	Rang (n=23)	Stabilität Banksystem 2011[3]	Rang (n=23)	Price-to-Rent-Ratio 2011 (in Jahren)	Börsenkapitalisierungs-koeffizient 1992-2009[4]	Rang (n=28)
1. Australien	2	2,00	UBS	4,9	3	4,8	4	27	1,0092	9
2. Dänemark	2	1,75	UBS	4,3	8	4,3	8	21	0,5598	19
3. Deutschland	1	1,75	UBS	4,3	8	3,9	12	27	0,4755	21
4. Finnland	1	1,75	UBS	4,1	10	4,7	5	26	1,0617	5
5. Frankreich	2	2,00	UBS	4,4	7	4,2	9	31	0,7076	14
6. Irland	1	1,75	UBS	4,1	10	3,1	15	n/a	0,4921	20
7. Israel	1	1,00	UBS	3,9	11	4,1	10	26	0,7215	13
8. Luxemburg	1	1,50	UBS	n/a	n/a	n/a	n/a	27	1,9751	2
9. Neuseeland	2	1,25	UBS	n/a	n/a	n/a	n/a	15	0,4123	23
10. Niederlande	1	1,50	UBS	4,7	4	4,3	8	20	1,0491	6
11. Norwegen	2	2,00	UBS	4,5	6	5,0	3	n/a	0,4761	21
12. Österreich	1	1,25	UBS	4,1	10	5,0	3	27	0,2633	27
13. Portugal	2	2,00	UBS	n/a	n/a	n/a	n/a	19	0,3795	25
14. Schweiz	3	1,50	UBS	4,6	5	5,4	2	28	2,1798	1
15. Spanien	1	1,75	UBS	4,2	9	3,8	13	29	0,6961	15
16. UK	1	1,25	UBS	5,0	2	3,9	12	23	1,3642	3
arithm. Mittel	/	1,63	/	4,39	/	4,35	/	24,71	0,86	/
Max	/	2,00	/	5,00	/	5,40	/	31,00	2,18	/
Min	/	1,00	/	3,90	/	3,10	/	15,00	0,26	/
s^2	/	0,1000	/	0,1108	/	0,3860	/	19,9121	0,3144	/

[1] Barth et al. (2000): 33 f.
[2] World Economic Forum (2011): 11.
[3] World Economic Forum (2011): 69 ff.
[4] Beck et al. (2010).

Tabelle 7: Datensatz Universalbankensysteme 1 von 3
(Eigene Darstellung)

	Gemeinkosten / Aktiva 1992-2009[4]	Rang (n=28)	Nettozinsspanne 1992-2009[4]	Rang (n=28)	Gesamtkapitalrendite (ROA) 1992-2009[4]	Rang (n=28)	Eigenkapitalrendite (ROE) 1992-2009[4]	Rang (n=28)	z-score 1996-2001[5]	Rang (n=25)
1. Australien	0,03698	22	0,01870	7	0,00533	20	0,06900	20	3,54	5
2. Dänemark	0,03910	23	0,04110	24	0,01138	6	0,09960	10	3,32	11
3. Deutschland	0,04200	25	0,02810	18	0,00644	16	0,06570	21	3,12	16
4. Finnland	0,01585	4	0,01520	3	0,00400	22	0,20940	3	2,94	21
5. Frankreich	0,03330	18	0,02870	20	0,00536	19	0,06440	22	3,11	17
6. Irland	0,01120	1	0,01270	2	0,00768	12	0,10007	9	3,21	13
7. Israel	0,02730	12	0,02720	15	0,00370	23	0,07350	18	3,34	10
8. Luxemburg	0,01234	2	0,00884	1	0,00561	17	0,01219	26	n/a	n/a
9. Neuseeland	0,02200	6	0,01997	9	0,00670	13	0,50080	1	n/a	n/a
10. Niederlande	0,02710	7	0,01690	4	0,07684	12	0,11120	6	3,40	9
11. Norwegen	0,02710	11	0,02500	13	0,00847	10	0,10420	7	3,43	8
12. Österreich	0,03691	21	0,02320	11	0,00650	15	0,08020	17	4,04	1
13. Portugal	0,02180	5	0,02740	16	0,00829	11	0,08027	16	3,54	6
14. Schweiz	0,04410	26	0,01900	8	0,01288	3	0,09360	12	3,60	4
15. Spanien	0,02860	13	0,02980	21	0,00167	26	0,05160	23	3,52	7
16. UK	0,03050	16	0,02380	12	0,01207	4	0,09790	11	3,64	3
arithm. Mittel	0,02831	/	0,02285	/	0,01143	/	0,11335	/	3,41071	/
Max	0,04410	/	0,04110	/	0,07684	/	0,50080	/	4,04000	/
Min	0,01120	/	0,00884	/	0,00167	/	0,01219	/	2,94000	/
s^2	0,00010	/	0,00006	/	0,00031	/	0,01233	/	0,07541	/

Tabelle 8: Datensatz Universalbankensysteme 2 von 3
(Eigene Darstellung)

[4] Beck et al. (2010).
[5] Laeven/Levine (2008): 41 f.

		Cost-Income-Ratio 1992-2009[4]	Rang (n=23)	systemische Bankenkrise[6]	Schulden-/ Währungskrisen 1970-2009[6]	Finanzkrisen insgesamt	Restrukturierungs-kosten 2007-2009 in % des BIP[7]	Output Loss in % des BIP[6]
1.	Australien	0,6522	8	0	0	0	0,00	0
2.	Dänemark	0,6363	5	2008	0	1	2,80	n/a
3.	Deutschland	0,6594	10	2008	0	1	1,20	n/a
4.	Finnland	0,6086	4	1991	0	1	n/a	59,1
5.	Frankreich	0,7313	22	2008	0	1	1,00	20
6.	Irland	0,3847	1	2008	0	1	7,60	110
7.	Israel	0,7106	20	1977	1975, 1980, 1985	4	n/a	76 (1977)
8.	Luxemburg	0,5405	2	2008	0	1	7,70	n/a
9.	Neuseeland	0,7818	25	0	1984	1	n/a	n/a
10.	Niederlande	0,5658	3	2008	0	1	6,50	25
11.	Norwegen	0,6545	9	1991	0	1	n/a	5
12.	Österreich	0,6841	13	2008	0	1	2,10	17
13.	Portugal	0,6382	7	2008	1983	2	n/a	37 (2008)
14.	Schweiz	0,6917	16	2008	0	1	1,10	0
15.	Spanien	0,7558	24	1977, 2008	1983	3	n/a	59 (1977), 39 (2008)
16.	UK	0,6928	17	2007	0	1	5,10	24 (2007)
	arithm. Mittel	0,64927	/	0,94	0,38	1,31	2,74	39,26
	Max	0,78180	/	2	3	7	7,70	110
	Min	0,38470	/	0	0	0	0,00	0
	s^2	0,00901	/	/	/	/	/	/

[4] Beck et al. (2010).
[6] Laeven/Valencia (2008): 32 ff.
[7] Laeven/Valencia (2010): 11 und 30 ff.

Tabelle 9: Datensatz Universalbankensysteme 3 von 3
(Eigene Darstellung)

	Banken dürfen Unternehmens-anteile halten[1]	Regulierungs-intensität[1]	Trennbanken-system	Financial Development Indicator 2011[2]	Rang (n=23)	Stabilität Banksystem 2011[3]	Rang (n=23)	Price-to-Rent-Ratio 2011 (in Jahren)	Börsenkapitalisierungs-koeffizient 1992-2009[4]	Rang (n=28)
1. Belgien	3	2,50	TBS	4,4	7	4,4	7	22	0,6309	16
2. Chile	3	2,75	TBS	3,6	13	5,8	1	11	0,9685	10
3. Griechenland	1	2,25	TBS	n/a	n/a	n/a	n/a	40	0,4661	22
4. Island	3	2,75	TBS	n/a	n/a	n/a	n/a	n/a	0,9273	11
5. Italien	3	2,25	TBS	3,8	12	4,8	4	25	0,3809	24
6. Japan	3	3,25	TBS	4,7	4	4,5	6	23	0,7811	12
7. Kanada	3	2,25	TBS	4,9	3	5,4	2	27	1,016	8
8. Südkorea	3	2,25	TBS	4,1	10	3,8	13	n/a	0,5743	17
9. Mexiko	3	3,25	TBS	3,2	14	4,7	5	11	0,3295	26
10. Schweden	3	3,00	TBS	4,5	6	4	11	n/a	1,0482	7
11. Türkei	3	3,00	TBS	3,1	15	4	11	17	0,2257	28
12. USA	3	3,00	TBS	5,1	1	3,6	14	21	1,2328	4
arithm. Mittel	/	2,71	/	4,14	/	4,5	/	21,89	0,715108333	/
Max	/	3,25	/	5,10	/	5,80	/	40,00	1,23	/
Min	/	2,25	/	3,10	/	3,60	/	11,00	0,23	/
s^2	/	n/a	/	0,4871	/	0,4933	/	78,3611	0,1065	/
Δ (UB;TB)	/	n/a	/	0,25231	/	-0,15385	/	2,82540	0,14882	/

[1] Barth et al. (2000): 33 f.
[2] World Economic Forum (2011): 11.
[3] World Economic Forum (2011): 69 ff.
[4] Beck et al. (2010).

Tabelle 10: Datensatz Trennbankensysteme 1 von 3
(Eigene Darstellung)

		Gemeinkosten / Aktiva 1992-2009[4]	Rang (n=28)	Nettozins- spanne 1992-2009[4]	Rang (n=28)	Gesamtkapital- rendite (ROA) 1992-2009[4]	Rang (n=28)	Eigenkapital- rendite (ROE) 1992-2009[4]	Rang (n=28)	z-score 1996-2001	Rang (n=28)
1.	Belgien	0,02580	9	0,01840	6	0,02583	2	0,10300	8	3,20	14
2.	Chile	0,03450	19	0,05390	26	0,00872	8	0,09050	13	3,18	15
3.	Griechenland	0,02970	15	0,02814	19	0,00552	18	0,08877	14	2,60	22
4.	Island	0,02600	10	0,03050	22	0,00526	21	0,08823	15	n/a	n/a
5.	Italien	0,03950	24	0,03280	23	0,00292	25	0,03970	25	3,05	18
6.	Japan	0,01583	3	0,01790	5	0,00049	27	-0,00580	27	2,00	23
7.	Kanada	0,03090	17	0,02250	10	0,00663	14	0,07060	19	3,80	2
8.	Südkorea	0,02430	8	0,02664	14	0,00200	25	-0,01100	28	1,61	25
9.	Mexiko	n/a	28	0,06410	27	n/a	28	0,04750	24	3,01	19
10.	Schweden	0,02880	14	0,02790	17	0,00861	9	0,12630	5	3,28	12
11.	Türkei	n/a	27	0,10330	28	0,00981	7	0,29090	2	1,64	24
12.	USA	0,03550	20	0,04120	25	0,01152	5	0,12870	4	2,98	20

arithm. Mittel	0,02908	/	0,03894	/	0,00794	/	0,08812	/	2,76	/
Max	0,03950	/	0,10330	/	0,02583	/	0,29090	/	3,80	/
Min	0,01583	/	0,00060	/	0,00049	/	-0,01100	/	1,61	/
s^2	0,000045	/	0,00060	/	0,00005	/	0,00613	/	0,50971	/
Δ (UB;TB)	-0,00077	/	-0,01609	/	0,00350	/	0,02524	/	0,65162	/

[4] Beck et al. (2010).
[5] Laeven/Levine (2008): 41 f.

Tabelle 11: Datensatz Trennbankensysteme 2 von 3
(Eigene Darstellung)

		Cost-Income-Ratio 1992-2009[4]	Rang (n=23)	systemische Bankenkrise[6]	andere Finanzkrisen (Schulden-/Währungskrise) 1970-2009[6]	Finanzkrisen insgesamt	Restrukturierungskosten 2007-2009 in % des BIP[7]	Output Loss in % des BIP[6]
1.	Belgien	0,86980	27	1 (2008)	0	1	5,00	n/a
2.	Chile	0,63640	6	2 (1976, 1981)	0	2	n/a	92,4 (1981)
3.	Griechenland	0,75440	23	1 (2008)	1983	2	1,70	n/a
4.	Island	0,69990	18	1 (2008)	1995, 1981, 1989	4	13,00	n/a
5.	Italien	0,81700	26	1 (2008)	1981	2	0,80	n/a
6.	Japan	0,71550	21	1 (1997)	0	1	n/a	45
7.	Kanada	0,68760	14	0	0	0	0,00	0
8.	Südkorea	0,68240	12	1 (1997)	0	1	n/a	58
9.	Mexiko	1,08680	28	2 (1981, 1994)	1977, 1982, 1995, 1982, 1990	7	n/a	27 (1981-1985), 14 (1994-1996)
10.	Schweden	0,67780	11	2 (1991, 2008)	0	2	0,70	33 (1991), 31 (2008)
11.	Türkei	0,71010	19	2 (1982, 2000)	2001, 1978	4	n/a	35 (1982), 37 (2000)
12.	USA	0,69060	15	2 (1988, 2007)	0	2	3,50	25 (2007)
arithm. Mittel		0,75236	/	1,33	0,83	2,17	2,06	49,675
Max		1,08680	/	2	5	7	13,00	92,40
Min		0,63640	/	0	0	0	0,00	0,00
s^2		0,0152	/	-0,40	-0,46	-0,85	0,68	-10,42
Δ (UB:TB)		-0,10309	/	-0,39583	-0,45833	-0,85417	0,68200	-10,41667

[4] Beck et al. (2010).

[6] Laeven/Valencia (2008): 32 ff.

[7] Laeven/Valencia (2010): 11 und 30 ff.

Tabelle 12: Datensatz Trennbankensysteme 3 von 3
(Eigene Darstellung)

	Restriktionsgrad der Geschäftsbanken	FDI 2011
1. Israel	1,00	3,9
2. Österreich	1,25	4,1
3. UK	1,25	5,0
4. Niederlande	1,50	4,7
5. Schweiz	1,50	4,6
6. Dänemark	1,75	4,3
7. Deutschland	1,75	4,3
8. Finnland	1,75	4,1
9. Irland	1,75	4,1
10. Spanien	1,75	4,2
11. Australien	2,00	4,9
12. Frankreich	2,00	4,4
13. Norwegen	2,00	4,5
14. Italien	2,25	3,8
15. Kanada	2,25	4,9
16. Südkorea	2,25	4,1
17. Belgien	2,50	4,4
18. Chile	2,75	3,6
19. Schweden	3,00	4,5
20. Türkei	3,00	3,1
21. USA	3,00	5,1
22. Japan	3,25	4,7
23. Mexiko	3,25	3,2

Korrelationskoeffizient r = - 0,22

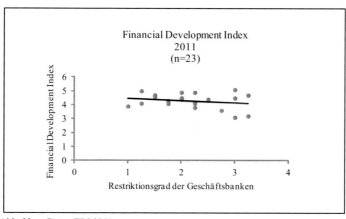

Abb. 22: Daten FDI 2011
(Eigene Darstellung, Daten: World Economic Forum)

	Restriktionsgrad der Geschäftsbanken	Banksystemstabilitätsindikator 2011
1. Israel	1,00	4,1
2. Österreich	1,25	5,0
3. UK	1,25	3,9
4. Niederlande	1,50	4,3
5. Schweiz	1,50	5,4
6. Dänemark	1,75	4,3
7. Deutschland	1,75	3,9
8. Finnland	1,75	4,7
9. Irland	1,75	3,1
10. Spanien	1,75	3,8
11. Australien	2,00	4,8
12. Frankreich	2,00	4,2
13. Norwegen	2,00	5,0
14. Italien	2,25	4,8
15. Kanada	2,25	5,4
16. Südkorea	2,25	3,8
17. Belgien	2,50	4,4
18. Chile	2,75	5,8
19. Schweden	3,00	4,0
20. Türkei	3,00	4,0
21. USA	3,00	3,6
22. Japan	3,25	4,5
23. Mexiko	3,25	4,7

Korrelationskoeffizient r = 0,05

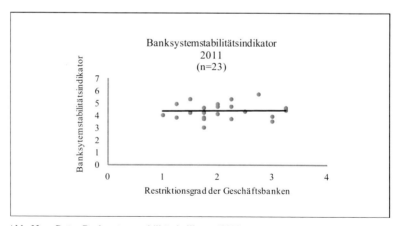

Abb. 23: Daten Banksystemsstabilitätsindikator (2011)
(Eigene Darstellung, Daten: World Economic Forum)

	Restriktionsgrad der Geschäftsbanken	z-score 1996-2001
1. Israel	1,00	3,34
2. Österreich	1,25	4,04
3. UK	1,25	3,64
4. Schweiz	1,50	3,60
5. Niederlande	1,50	3,40
6. Finnland	1,75	2,94
7. Spanien	1,75	3,52
8. Dänemark	1,75	3,32
9. Irland	1,75	3,21
10. Deutschland	1,75	3,12
11. Australien	2,00	3,54
12. Portugal	2,00	3,54
13. Norwegen	2,00	3,43
14. Frankreich	2,00	3,11
15. Kanada	2,25	3,80
16. Italien	2,25	3,05
17. Griechenland	2,25	2,60
18. Südkorea	2,25	1,61
19. Belgien	2,50	3,20
20. Chile	2,75	3,18
21. Schweden	3,00	3,28
22. USA	3,00	2,98
23. Türkei	3,00	1,64
24. Mexiko	3,25	3,01
25. Japan	3,25	2,00

Korrelationskoeffizient r = -0,55

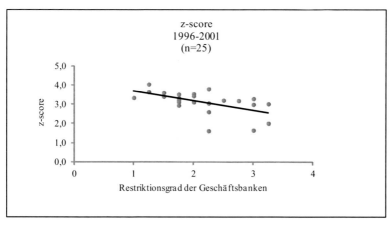

Abb. 24: Daten Z-score (1996-2001)
(Eigene Darstellung, Daten: Laeven/Levine (2008): 41 f.)

		Restriktionsgrad der Geschäftsbanken	Price-to-Rent-Ratio 2011 (in Jahren)
1.	Israel	1,00	26
2.	Neuseeland	1,25	15
3.	Österreich	1,25	27
4.	UK	1,25	23
5.	Niederlande	1,50	20
6.	Luxemburg	1,50	27
7.	Schweiz	1,50	28
8.	Dänemark	1,75	21
9.	Finnland	1,75	26
10.	Deutschland	1,75	27
11.	Spanien	1,75	29
12.	Portugal	2,00	19
13.	Australien	2,00	27
14.	Frankreich	2,00	31
15.	Italien	2,25	25
16.	Kanada	2,25	27
17.	Griechenland	2,25	40
18.	Belgien	2,50	22
19.	Chile	2,75	11
20.	Türkei	3,00	17
21.	USA	3,00	21
22.	Mexiko	3,25	11
23.	Japan	3,25	23

Korrelationskoeffizient r = -0,35

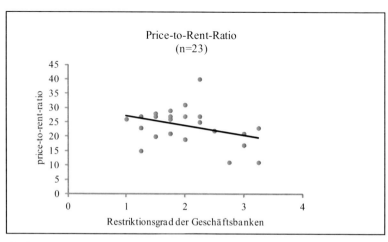

Abb. 25: Daten Price-to-Rent-Ratio (2011)
(Eigene Darstellung, Daten: www.globalpropertyguide.com)

	Restriktionsgrad der Geschäftsbanken	Cost-Income-Ratio (1992-2009)
1. Israel	1,00	0,7106
2. Neuseeland	1,25	0,7818
3. Österreich	1,25	0,6841
4. UK	1,25	0,6928
5. Luxemburg	1,50	0,5405
6. Niederlande	1,50	0,5658
7. Schweiz	1,50	0,6917
8. Dänemark	1,75	0,6363
9. Deutschland	1,75	0,6594
10. Finnland	1,75	0,6086
11. Irland	1,75	0,3847
12. Spanien	1,75	0,7558
13. Australien	2,00	0,6522
14. Frankreich	2,00	0,7313
15. Norwegen	2,00	0,6545
16. Portugal	2,00	0,6382
17. Griechenland	2,25	0,7544
18. Italien	2,25	0,8170
19. Kanada	2,25	0,6876
20. Südkorea	2,25	0,6824
21. Belgien	2,50	0,8698
22. Chile	2,75	0,6364
23. Island	2,75	0,6999
24. Schweden	3,00	0,6778
25. Türkei	3,00	0,7101
26. USA	3,00	0,6906
27. Japan	3,25	0,7155
28. Mexiko	3,25	1,0868

Korrelationskoeffizient r = 0,38

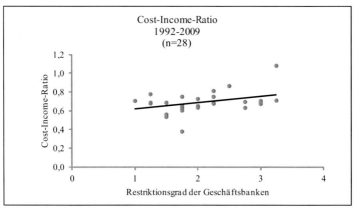

Abb. 26: Daten Cost-Income-Ratio (1992-2009)
(Eigene Darstellung, Daten: Beck et al. (2010).)

		Restriktionsgrad der Geschäftsbanken	Gemeinkosten/Aktiva (1992-2009)
1.	Israel	1,00	0,0273
2.	Neuseeland	1,25	0,0220
3.	Österreich	1,25	0,0369
4.	UK	1,25	0,0305
5.	Luxemburg	1,50	0,0123
6.	Niederlande	1,50	0,0239
7.	Schweiz	1,50	0,0441
8.	Dänemark	1,75	0,0391
9.	Deutschland	1,75	0,0420
10.	Finnland	1,75	0,0159
11.	Irland	1,75	0,0112
12.	Spanien	1,75	0,0286
13.	Australien	2,00	0,0370
14.	Frankreich	2,00	0,0333
15.	Norwegen	2,00	0,0271
16.	Portugal	2,00	0,0218
17.	Griechenland	2,25	0,0297
18.	Italien	2,25	0,0395
19.	Kanada	2,25	0,0309
20.	Südkorea	2,25	0,0243
21.	Belgien	2,50	0,0258
22.	Chile	2,75	0,0345
23.	Island	2,75	0,0260
24.	Schweden	3,00	0,0288
25.	USA	3,00	0,0355
26.	Japan	3,25	0,0158

Korrelationskoeffizient r = - 0,02

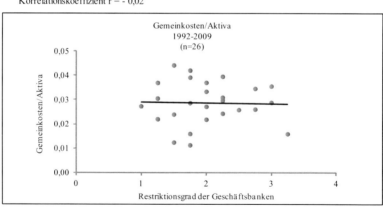

Abb. 27: Daten Gemeinkosten / Aktiva (1992-2009)
(Eigene Darstellung, Daten: Beck et al. (2010).)

	Restriktionsgrad der Geschäftsbanken	Gesamtkapitalrendite (ROA) 1992-2009
1. Israel	1,00	0,00370
2. Neuseeland	1,25	0,00670
3. Österreich	1,25	0,00650
4. Schweiz	1,50	0,01288
5. UK	1,50	0,01207
6. Luxemburg	1,50	0,00561
7. Dänemark	1,75	0,01138
8. Irland	1,75	0,00768
9. Deutschland	1,75	0,00644
10. Finnland	1,75	0,00400
11. Spanien	1,75	0,00167
12. Norwegen	2,00	0,00847
13. Portugal	2,00	0,00829
14. Frankreich	2,00	0,00536
15. Australien	2,00	0,00533
16. Kanada	2,25	0,00663
17. Griechenland	2,25	0,00552
18. Italien	2,25	0,00292
19. Südkorea	2,25	0,00200
20. Belgien	2,50	0,02583
21. Chile	2,75	0,00872
22. Island	2,75	0,00526
23. USA	3,00	0,01152
24. Türkei	3,00	0,00981
25. Schweden	3,00	0,00861

Korrelationskoeffizient r = 0,228

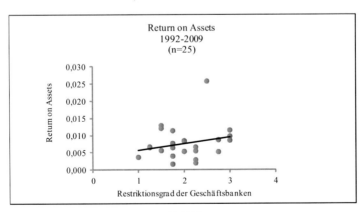

Abb. 28: Daten Return on Assets (1992-2009)
(Eigene Darstellung, Daten: Beck et al. (2010).)

	Restriktionsgrad der Geschäftsbanken	Nettozinsspanne (1992-2009)
1. Israel	1,00	0,0272
2. Neuseeland	1,25	0,0200
3. Österreich	1,25	0,0232
4. UK	1,25	0,0238
5. Luxemburg	1,50	0,0088
6. Niederlande	1,50	0,0169
7. Schweiz	1,50	0,0190
8. Dänemark	1,75	0,0411
9. Deutschland	1,75	0,0281
10. Finnland	1,75	0,0152
11. Irland	1,75	0,0127
12. Spanien	1,75	0,0298
13. Australien	2,00	0,0187
14. Frankreich	2,00	0,0287
15. Norwegen	2,00	0,0250
16. Portugal	2,00	0,0274
17. Griechenland	2,25	0,0281
18. Italien	2,25	0,0328
19. Kanada	2,25	0,0225
20. Südkorea	2,25	0,0266
21. Belgien	2,50	0,0184
22. Chile	2,75	0,0539
23. Island	2,75	0,0305
24. Schweden	3,00	0,0279
25. Türkei	3,00	0,1033
26. USA	3,00	0,0412
27. Japan	3,25	0,0179
28. Mexiko	3,25	0,0641

Korrelationskoeffizient r = 0,52

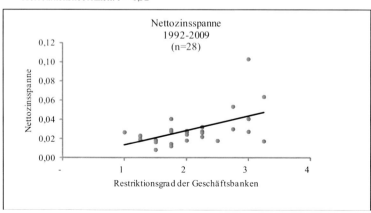

Abb. 29: Daten Nettozinsspanne (1992-2009)
(Eigene Darstellung, Daten: Beck et al. (2010).)

	Restriktionsgrad der Geschäftsbanken	systemische Bankenkrisen (1970-2007)	Restriktionsgrad der Geschäftsbanken nach Gruppe	absolute Häufigkeit	rel. Häufigkeit in Gruppe
1. Israel	1,00	1	1,00	1	1,00
2. Neuseeland	1,25	0	1,25	0	0,00
3. Österreich	1,25	0	1,50	0	0,00
4. UK	1,25	0	1,75	2	0,40
5. Luxemburg	1,50	0	2,00	1	0,25
6. Niederlande	1,50	0	2,25	1	0,25
7. Schweiz	1,50	0	2,50	0	0,00
8. Dänemark	1,75	0	2,75	2	1,00
9. Deutschland	1,75	0	3,00	4	1,33
10. Finnland	1,75	1	3,25	3	1,50
11. Irland	1,75	0			
12. Spanien	1,75	1			
13. Australien	2,00	0			
14. Frankreich	2,00	0			
15. Norwegen	2,00	1			
16. Portugal	2,00	0			
17. Griechenland	2,25	0			
18. Italien	2,25	0			
19. Kanada	2,25	0			
20. Südkorea	2,25	1			
21. Belgien	2,50	0			
22. Chile	2,75	2			
23. Island	2,75	0			
24. Schweden	3,00	1			
25. Türkei	3,00	2			
26. USA	3,00	1			
27. Japan	3,25	1			
28. Mexiko	3,25	2			

Korrelationskoeffizient r = 0,56

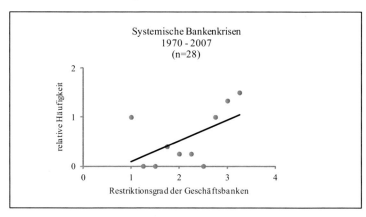

Abb. 30: **Daten Systemische Bankenkrisen (1970-2007)**
(Eigene Darstellung, Daten: Laeven/Valencia (2008): 32 ff.)

		Restriktionsgrad der Geschäftsbanken	Systemische Bankenkrisen (1970-2009)	Restriktionsgrad der Geschäftsbanken nach Gruppe	absolute Häufigkeit	rel. Häufigkeit in Gruppe
1.	Israel	1,00	1	1,00	1	1,00
2.	Neuseeland	1,25	0	1,25	2	0,66
3.	Österreich	1,25	1	1,50	3	1,00
4.	UK	1,25	1	1,75	6	1,20
5.	Luxemburg	1,50	1	2,00	3	0,75
6.	Niederlande	1,50	1	2,25	3	0,75
7.	Schweiz	1,50	1	2,50	1	1,00
8.	Dänemark	1,75	1	2,75	3	1,50
9.	Deutschland	1,75	1	3,00	6	2,00
10.	Finnland	1,75	1	3,25	3	1,50
11.	Irland	1,75	1			
12.	Spanien	1,75	2			
13.	Australien	2,00	0			
14.	Frankreich	2,00	1			
15.	Norwegen	2,00	1			
16.	Portugal	2,00	1			
17.	Griechenland	2,25	1			
18.	Italien	2,25	1			
19.	Kanada	2,25	0			
20.	Südkorea	2,25	1			
21.	Belgien	2,50	1			
22.	Chile	2,75	2			
23.	Island	2,75	1			
24.	Schweden	3,00	2			
25.	Türkei	3,00	2			
26.	USA	3,00	2			
27.	Japan	3,25	1			
28.	Mexiko	3,25	2			

Korrelationskoeffizient r = 0,69

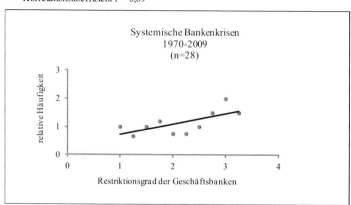

Abb. 31: **Daten Systemische Bankenkrisen (1970-2009)**
(Eigene Darstellung, Daten: Laeven/Valencia (2008): 32 ff.)

Literatur- und Quellennachweise

Acharya, Viral V.; Yorulmazer, Tanju (2008): Information Contagion and Bank Herding. In: Journal of Money, Credit and Banking, Vol. 40, No. 1, 215-231. Columbus: Ohio State University.

Adrian, Tobias; Shin, Hyun Song (2008): Financial Intermediaries, Financial Stability, and Monetary Policy. Federal Reserve Bank of New York Staff Reports, No. 346. New York: Federal Reserve Bank.

Akerlof, G. A. (1970): The Market for "Lemons": Quality Uncertainty and the Market Mechanism. In: Quarterly Journal of Economics, Nr. 84/3, S. 488–500. Cambridge: MIT-Press.

Allen, Franklin; Gale, Douglas (2001): Comparative Financial Systems: A Survey. Center for Financial Institutions Working Papers 01-15,Wharton School Center for Financial Institutions. Wharton: University of Pennsylvania.

Bacchetta, Phillipe; Tille, Cédric; Wincoop, Eric van (2011): Regulating Asset Price Risk. Swiss Finance Institute Research Paper Series, Working Paper, Nr. 11/04. Bern: Swiss Finance Institute.

Barth, James R.; Caprio, Gerard; Levine, Ross (2001): Banking Systems around the Globe: Do Regulation and Ownership Affect Performance and Stability? In: Prudential Supervision: What Works and What Doesn't, S. 31-96. Chicago: University of Chicago Press.

Bartram, Söhnke M.; Brown, Gregory W.; Fehle, Frank R. (2006): International Evidence on Financial Derivatives Usage. Financial Management, Vol. 38, No. 1, pp. 185-206. Coventry: Warwick Business School.

Baum, Christopher F.; Schaefer, Dorothea; Talavera, Oleksandr (2009): The Impact of Financial Structure on Firms' Financial Constraints: A Cross-Country Analysis. Discussion Paper No. 863. Berlin: Deutsches Institut für Wirtschaftsforschung.

Beck, Thorsten; Demirgüc-Kunt, Asli; Levine, Ross (1999/2010): A New Database on Financial Development and Structure. Financial Sector Discussion Paper No. 2, updated 2010. Washington D.C.: The World Bank.

Benston, George J. (1994): Universal Banking. In: Journal of Economic Perspectives, Vol. 8, Nr. 3, S. 121-143. Berkeley: American Finance Association.

Berkovitch, Elazar; Israel, Ronen (1999): Optimal Bankruptcy Laws Across Different Economic Regimes. In: The Review of Financial Studies, Vol. 12, S. 347 – 377. Oxford: Oxford University Press.

Blattner, Nikolaus (2006): Systemstabilität und Geldpolitik. Skript zur Vorlesung „Geld, Kredit und Banken", Universität Bern. Online. URL: http://www.snb.ch/de/mmr/speeches/id/ref_20060131_nbl. Letzter Zugriff am 11.06.2012.

Blundell-Wignall, Adrian et al. (2011): Bank Competition and Financial Stability. Paris: OECD.

Bonn, Joachim K. (1998): Bankenkrisen und Bankenregulierung. Schriftenreihe des Instituts für Kredit- und Finanzwirtschaft, Bd. 24. Wiesbaden: Gabler.

Bordo, Michael D.; Redish, Angela; Rockoff, Hugh (2011): Why didn't have Canada a Banking Crisis in 2008 (or in 1930, or 1907, or…)? NBER WORKING PAPER SERIES, Nr. 17312. National Bureau of economic Research. Online. URL: http://ssrn.com/abstract=1918642. Letzter Zugriff am 11.06.2012.

Bordo, Michael D. (2008): An Historical Perspective on the Crisis of 2007-2008. NBER WORKING PAPER SERIES, Nr. 14569. National Bureau of economic Research. Online. URL: http://www.nber.org/papers/w14569. Letzter Zugriff am 04.06.2012.

Brown , Gregory W.; Khokher, Zeigham (2011): Corporate Risk, Market Imperfections, and Speculative Motives. Working Paper Series. Online. URL: http://ssrn.com/abstract=302414. Letzter Zugriff am 24.06.2012.

Brunnermeier, Markus K.; Pedersen, Lasse Heje (2009): Market Liquidity and Funding Liquidity. The Review of Financial Studies, Vol. 22, Nr. 6/2009, S. 2201-2238. Oxford: Oxford University Press.

Buchter, Heike (2011): Warum man Banken nicht einfach aufspalten kann. In: Zeit-Online, 17.10.2011. URL: http://www.zeit.de/wirtschaft/2011-10/bankenregulierung-usa-vorbild-3. Letzter Zugriff am 07.06.2012.

Burger, Andreas; Moormann, Jürgen (2008): Productivity in banks: myths & truths of the Cost Income Ratio. In: Banks and Bank Systems, Vol. 3, Iss. 4. Sumy: Business Perspectives.

BÜNDNIS 90/DIE GRÜNEN - Fraktion im Deutschen Bundestag (2011): Einsetzung einer Kommission des Deutschen Bundestages zur Regulierung der Großbanken. Antrag der Bündnis90/Die Grünen im Deutschen Bundestag vom 19.10.2011, Bundestagsdrucksache 17/7359. Berlin: Deutscher Bundestag.

Caccioli, Fabio; Marsili, Matteo (2010): Efficiency and Stability in Complex Financial Markets. Discussion Paper Nr. 2010-3. Online. URL: http://www.economics-ejournal.org/economics/discussionpapers/2010-3. Letzter Zugriff am 15.06.2012.

Capelle-Blancard, Gunther (2011): Are Derivatives Dangerous? - A Literature Survey. Working Paper Nr. 2010-24. Paris: CEPII.

Cezanne, Wolfgang (2005): Allgemeine Volkswirtschaftslehre. Wolls Lehr- und Handbücher der Wirtschafts- und Sozialwissenschaft. München: Oldenbourg.

Chiarella, Carl (1992): The Dynamics of Speculative Behavior. Working Paper Nr. 13. School of Finance and Economics. Sydney: University of Technology.

Daxhammer, Rolf J. (2004): Preis und Wert – Spekulative Blasen und Rationalverhalten. Working-Paper 2005-02. European School of Business. Online. URL: http://www.esb-business-school.de/fileadmin/_research/dokumente/Workingpaper/WP_2005_02_Preis_und_Wert.pdf. Letzter Zugriff am 28.05.2012.

De La Motte, Laura; Czernomoriez, Janna; Clemens, Marius (2010): Economics of trust: The interbank market during the crisis 2007-2009. MPRA Paper No. 20357. Online. URL: http://mpra.ub.uni-muenchen.de/20357/. Letzter Zugriff am 27.05.2012.

Deutsche Bank (2011): Jahresbericht 2010 – Erfolgreich in unsicheren Zeiten. Frankfurt a. M.: Deutsche Bank AG.

Deutsche Bundesbank (2012): Monatsbericht Februar 2012. 64. Jahrgang, Nr. 2. Frankfurt a. M.: Deutsche Bundesbank.

Deutscher Bundestag (2010): Gesetz zur Restrukturierung und geordneten Abwicklung von Kreditinstituten, zur Errichtung eines Restrukturierungsfonds für Kreditinstitute und zur Verlängerung der Verjährungsfrist der aktienrechtlichen Organhaftung. In: Bundesgesetzblatt, Jahrgang 2010, Teil I, Nr. 63, ausgegeben zu Bonn am 9. Dezember 2010.

DIE LINKE-Fraktion im Deutschen Bundestag (2010): Die Banken sollen für die Krise zahlen. Antrag der Fraktion DIE LINKE im Deutschen Bundestag vom 20.01.2010, Bundestagsdrucksache 17/471. Berlin: Deutscher Bundestag.

Dieter, Heribert (2010): Konsequenzen aus den Finanzkrisen: Paradigmenwechsel oder weiter so? In: Lehren aus der Finanzmarktkrise – Ein Comeback der sozialen Marktwirtschaft, S. 15-21. Berlin: Konrad-Adenauer-Stiftung.

Dieter, Heribert (2008): Das Ende des amerikanischen Modells – Warum die Finanzkrise in den USA eine Zeitenwende markiert. SWP-aktuell, Nr. 71. Berlin: Stiftung Wissenschaft und Politik.

ECB – European Central Bank (2008): The Incentive Structure Of The 'Originate and Distribute' Model. Frankfurt a. M.: ECB.

Faia, Ester (2010): Credit Risk Transfers and the Macroeconomy. ECB Working Paper No. 1256. Online. URL: http://ssrn.com/abstract=1685771. Letzter Zugriff am 08.07.2012.

Fama, Eugene (1970): Efficient Capital Markets, A Review of Theory and Empirical Work. In: The Journal of Finance, Vol. 25, S. 383–417. Berkeley: American Finance Association.

Friedl, Birgit (2010): Kostenrechnung – Grundlagen, Teilrechnung und Systeme der Kostenrechnung. München: Oldenbourg Verlag.

FSMA - Bundesanstalt für Finanzmarktstabilisierung (2011): Zwischenbilanz der Bundesanstalt für Finanzmarktstabilisierung – Deutsche Bankenrettung im internationalen Vergleich erfolgreich. Pressenotiz vom 28.11.2011. Frankfurt a. M.: FSMA.

Gabriel, Sigmar (2010): Zitiert in: Finanzbranche in der Kritik: SPD-Chef Gabriel will Banken zerschlagen. Spiegel-Online. URL: http://www.spiegel.de/ politik/deutschland/0,1518,792010,00.html. Letzter Zugriff am 07.06.2012.

Gesczy, Christopher et al. (1997): Why Firms Use Currency Derivatives. In: The Journal of Finance, Vol. 52, No. 4 (Sep. 1997), S. 1323-1354. Boston: Blackwell Publishing.

Gischer, Horst; Herz, Bernhard; Menkhoff, Lukas (2011): Geld, Kredit und Banken: Eine Einführung. Berlin: Springer.

Hackethal, Andreas; Kotz, Hans-Helmut (2008): Bankenprofitabilität im weltweiten Vergleich. Studie zur langfristigen Entwicklung von Eigenkapitalrenditen im weltweiten Bankenmarkt (1993-2004). Frankfurt a. M.: Johann Wolfgang Goethe Universität.

Hackethal, Andreas; Schmidt, Reinhardt H. (2000): Finanzsystem und Komplementarität. Working Paper Series: Finance and Accounting, Nr. 50. Frankfurt a. M.: Johann Wolfgang Goethe Universität.

Hackethal, Andreas (2000a): How Unique Are US Banks? The Role of Banks in Five Major Financial Systems. Working Paper Series: Finance and Accounting, Nr. 60. Frankfurt a. M.: Johann Wolfgang Goethe Universität.

Hackethal, Andreas (2000b): Banken, Unternehmensfinanzierung und Finanzsysteme. In: M. Nitsch; R. H. Schmidt; C.-P. Zeitinger (Hrsg.): Entwicklung und Finanzierung, Bd. 6. Frankfurt a. M.: Peter Lang - Europäischer Verlag der Wissenschaften.

Hasman, Augusto; Samartín, Margarita; Bommel, Jos van (2010): Financial intermediaries and transaction costs. Working Paper Centre de recherche en économie de Sciences Po , Nr. 2010-02. Paris: OFCE.

Hentschel, Ludger; S.P. Kothari (2001): Are Corporations Reducing or Taking Risks With Derivatives? In: Journal of Financial and Quantitative Analysis, Vol. 36, Issue 1, S. 93-118. Cambridge: Cambridge University Press.

Himmelberg, Charles; Mayer, Christopher; Sinai, Todd (2005): Assessing High House Prices: Bubbles, Fundamentals and Misperceptions. NBER Working Paper, Nr. 11643. Cambridge: National Bureau of Economic Research.

ICB – Independent Commission On Banking (2011): Final Report Recommendations. Online. URL: http://www.ecgi.org/documents /icb_final_ report _12sep2011.pdf. Letzter Zugriff am 16.06.2012.

IIF-Institute for International Finance (2010): Systemic Risk and Systemically Important Firms: An Integrated Approach. Report May 2010. Washington D.C.: Institute for International Finance.

Johanning, Lutz et al. (2011): Unterschiede und Gemeinsamkeiten börsennotierter, passiver Investmentprodukte. Frankfurt a. M.: EDA / vwd academy AG.

Kaserer, Christoph (2008): Krise des Bankensystems: Zuviel Finanzinnovationen, zu wenig Regulierungen? In: ifo-Schnelldienst, 61. Jahrgang, 21/2008, S. 3-15. München: ifo-Institut.

Kashyap, Anil K.; Rajan, Raghuram; Stein, Jeremy C. (2002): Banks as Liquidity Providers: An Explanation for the Coexistence of Lending and Deposit-Taking. In: The Journal of Finance, Vol. 57, No. 1, S. 33-73. Berkeley: American Finance Association.

Kerbl, Stefan (2011): Regulatory Medicine Against Financial Market Instability: What Helps And What Hurts? Working Paper, Nr. 174. Wien: Oesterreichische Nationalbank.

KfW (2009): Innovationshemmnisse bei kleinen und mittleren Unternehmen. In: KfW-Research, Mittelstands- und Strukturpolitik, Ausgabe Juli 2009, S. 57-92. Frankfurt a. M.: KfW-Bankengruppe.

Kleine, Andreas (1995): Entscheidungstheoretische Aspekte der Principal-Agent-Theorie. Physica-Schriften zur Betriebswirtschaft, Bd. 53. Heidelberg: Physica-Verlag.

Knothe, Danko (2011): Die Züchtung ‚Schwarzer Schwäne': Zum Zusammenhang von politisch geförderten Stabilitätsillusionen und Blasenwirtschaft. In: O. Kessler (Hrsg.): Die Internationale Politische Ökonomie der Weltfinanzkrise, S. 227-247. Wiesbaden: VS Verlag für Sozialwissenschaften.

Körner, Heiko (2009): Schumpeter und die Krise. In: Wirtschaftsdienst – Zeitschrift für Wirtschaftspolitik, 8/2009, S. 519-525. Hamburg: ZBW – Leibniz Informationszentrum Wirtschaft.

Krahnen, Jan Pieter (2005): Der Handel von Kreditrisiken: Eine neue Dimension des Kapitalmarktes. CFS Working Paper No. 2005/05. Frankfurt a. M.: Center for Financial Studies.

Lachmann, Werner (2004): Volkswirtschaftslehre 2 – Anwendungen. Berlin: Springer.

Laeven, Luc; Valencia, Fabian (2010): Resolution of Banking Crises: The Good, the Bad, and the Ugly. IMF Working Paper, Research Department, WP/10/146. Washington D.C.: International Monetary Fund.

Laeven, Luc; Levine, Ross (2008): Bank Governance, Regulation, and Risk Taking. In: Journal of Financial Economics, Vol. 93, S. 259-275. London: Elsevier Science.

Laeven, Luc; Valencia, Fabian (2008): Systemic Banking Crisis: A New Database. IMF Working Paper, Research Department, WP/08/224. Washington D.C.: International Monetary Fund.

Lenger, Stephanie; Ernstberger, Jürgen (2011): Das Finanzierungsverhalten deutscher Unternehmen – Hinweise auf eine Kreditklemme? In: Kredit und Kapital, 44. Jahrgang, Heft 3, S. 367-392. Berlin: Duncker und Humblot.

Lipke, Isabel (2003): Derivate – Das unbekannte Wesen. Berlin: Weltwirtschaft, Ökologie & Entwicklung e.V. .

Malkiel, Burton G. (2003): The Efficient Market Hypothesis and Its Critics. In: Journal of Economic Perspectives, Vol. 17, Nr. 1, S. 59-82. Berkeley: American Finance Association.

Markowitz, Harry (1952): Portfolio Selection. In: The Journal of Finance, Vol. 7, S. 77-91. Berkeley: American Finance Association.

Mestmäcker, Ernst-Joachim (2011): Soziale Marktwirtschaft – Eine Theorie für den Finanzmarkt nach der Krise? In: E. Kempf, K. Lüderssen, & K. Volk (Hrsg.), Ökonomie versus Recht im Finanzmarkt? S. 13-26. Berlin: De Gruyter.

Meyer, Dirk (2011): Destabilisierende Spekulation als Rechtfertigung eines Europäischen Stabilisierungsmechanismus? In: Wirtschaftsdienst – Zeitschrift für Wirtschaftspolitik, 06/2011, S. 391-397. Hamburg: ZBW – Leibniz Informationszentrum Wirtschaft.

Miles, David et al. (2011): Optimal bank capital. Discussion Paper No. 31: revised and expanded version. London: Bank of England.

Morris, Stephen; Shin, Hyun Song (2008): Financial Regulation in a System Context - Comments and Discussion. In: Brookings Papers on Economic Activity, Fall 2008, S. 229-274. Washington: Brookings Institution Press.

OECD (2011): Bank Competition and Financial Stability. Report, G20 Workshop "The New Financial Landscape". Paris: OECD.

Perridon, Louis; Steiner, Manfred (2007): Finanzwirtschaft der Unternehmung. München: Verlag Franz Vahlen.

Picot, Arnold (1982): Transaktionskostenansatz in der Organisationstheorie: Stand der Diskussion und Aussagewert. In: Die Betriebswirtschaft, Heft 2, 42. Jahrgang, 1982, S. 267-284. Stuttgart: C.E. Poeschel.

Priddat, Birger P. (2010): Vertrauen als Problem. Anhaltende Finanzkrise? In: Wirtschaftsdienst – Zeitschrift für Wirtschaftspolitik, 1/2010, S. 29-35. Hamburg: ZBW – Leibniz Informationszentrum Wirtschaft.

Priewe, Jan (2010): Von der Subprimekrise zur Weltwirtschaftskrise- unterschiedliche Erklärungsmuster. In: Wirtschaftsdienst – Zeitschrift für Wirtschaftspolitik, 2/2010, S. 92-100. Hamburg: ZBW – Leibniz Informationszentrum Wirtschaft.

Puri, Manju (1996): Commercial banks in investment banking – Conflict of interest or certification role? In: Journal of Financial Economics, Vol. 40, S. 373-401. London: Elsevier Science.

Rajan, Raghuram G. (2005): Has Financial Development Made the World Riskier? In: Journal of the Federal Reserve Bank Kansas City, Aug. 2005, S. 313-369. Kansas City: Federal Reserve Bank of Kansas City.

Rehm, Hannes (2011): Reformen der nationalen und internationalen Finanzarchitektur. In: Kredit und Kapital, 44. Jahrgang, Heft 3, S. 317-338. Berlin: Duncker und Humblot.

Rehm, Hannes (2008a): Das deutsche Bankensystem. Befund – Probleme – Perspektiven. Teil I. In: Kredit und Kapital, 41. Jahrgang, Heft 2, S. 135-159. Berlin: Duncker und Humblot.

Rehm, Hannes (2008b): Das deutsche Bankensystem. Befund – Probleme – Perspektiven. Teil II. In: Kredit und Kapital, 41. Jahrgang, Heft 3, S. 305-331. Berlin: Duncker und Humblot.

Rickes, Reinhold (2006): Leistungsfähigkeit des deutschen Bankenmarktes durch plurale Bankenstrukturen sichern. In: Vierteljahrshefte zur Wirtschaftsforschung 75 (2006), 4, S. 151–166. Berlin: Deutsches Institut für Wirtschaftsforschung.

Roosevelt, Franklin Delano (1933): First Inaugural Address. Online. URL: http://www.politics-network.ch/roosevelt_1933.html. Letzter Zugriff am 07.07.2012.

Sachverständigenrat zur Begutachtung der gesamtwirtschaftlichen Entwicklung (2011): Verantwortung für Europa wahrnehmen. Jahresgutachten 2011/12. Wiesbaden: Statistisches Bundesamt.

Sachverständigenrat zur Begutachtung der gesamtwirtschaftlichen Entwicklung (2010): Chancen für einen stabilen Aufschwung. Jahresgutachten 2010/11. Wiesbaden: Statistisches Bundesamt.

Schmidt, Reinhard H.; Noth, Felix (2010): Die Entwicklung der Corporate Governance deutscher Banken seit 1950. Online. URL: http://www.finance.uni-frankfurt.de/wp/2147.pdf. Letzter Zugriff am 15.06.2012.

Schneck, Ottmar (2005): Lexikon der Betriebswirtschaft. München: Deutscher Taschenbuchverlag.

Sinn, Hans-Werner (2008): Wenn Banken mit Zitronen handeln. In: Börsen-Zeitung, Nr. 81, 26.04.2008, S. 7. Frankfurt a. M.: Keppler.

SPD-Fraktion im Deutschen Bundestag (2011a): Entschließungsantrag der Fraktion der SPD zu der Abgabe einer Regierungserklärung durch die Bundeskanzlerin zum Europäischen Rat und zum Eurogipfel am 26. Oktober 2011 in Brüssel, Bundestagsdrucksache 17/7457. Berlin: Deutscher Bundestag.

SPD-Fraktion im Deutschen Bundestag (2011b): Neuer Anlauf zur Finanzmarktregulierung erforderlich. Antrag der Fraktion der SPD im Deutschen Bundestag vom 08.11.2011, Bundestagsdrucksache 17/7641. Berlin: Deutscher Bundestag.

Soussa, Farouk (2000): Too Big to Fail: Moral Hazard and Unfair Competition? In: Halme et al. (Hrsg.): Financial Stability and Central Banks – Selected Issues for Financial SafetyNets and Market Discipline, Centre for Central Banking Studies, 5 - 31. London: Bank of England.

Stahl, Heinz (1998): Zum Aufbau und Erhalt von Reputationskapital in Stakeholder – Beziehungen. In: Perspektiven im strategischen Management, S. 351-358. Berlin: De Gruyter.

Stout, Lynn A. (2011): Derivatives and the Legal Origin of the 2008 Credit Crisis. In: Harvard Business Law Review, Vol. 1, S. 302-308, 2011, Law-Econ Research Paper No. 11-11. Harvard: UCLA School of Law.

Summer, Martin (2009): Die Finanzkrise 2007/08 aus der Perspektive der ökonomischen Forschung. In: Geldpolitik & Wirtschaft, Quartalsheft zur Geld- und Wirtschaftspolitik, Q 4/08, S. 91-110. Wien: Oesterreichische Nationalbank.

Tabarrok, Alexander (1998): The Seperation of Commercial and Investment Banking: The Morgans vs. the Rockefellers. In: The Quarterly Journal of Austrian Economics, Vol. 1, No. 1: 1-18. Auburn: Ludwig von Mises Institute.

Toft, Klaus B.; Brown, Gregory W. (2001): How Firms Should Hedge. The Review of Financial Studies. Online. URL: http://ssrn.com/abstract=286733. Letzter Zugriff am 24.06.2012.

Usslar, Ludolf von (2010): Der Staat als Akteur am Finanzmarkt im Lichte der Finanzkrise. In: Wirtschaftsdienst – Zeitschrift für Wirtschaftspolitik, 1/2010, S. 36-43. Hamburg: ZBW – Leibniz Informationszentrum Wirtschaft.

Vaubel, Roland (2010): Die Finanzkrise als Vorwand für Überregulierung. In: Wirtschaftsdienst – Zeitschrift für Wirtschaftspolitik, 5/2010, S. 313-320. Hamburg: ZBW – Leibniz Informationszentrum Wirtschaft.

Venkatachalam, Mohan (1996): Value-relevance of banks' derivatives disclosures. In: Journal of Accounting and Finance, Vol. 22 (1996), S. 327-355. London: Elsevier Science.

World Economic Forum (2011): The Financial Development Report 2011. New York: World Economic Forum.

Wray, Randall L. (2010): What Should Banks Do? A Minskyan Analysis. Public Policy Brief, Nr. 115/2010. Blithewood: Levy Economics Institute of Bard College.

Wöhe, Günther (2002): Einführung in die Allgemeine Betriebswirtschaftslehre. München: Verlag Franz Vahlen.

Yusupov, Timur (2006): The efficient market hypothesis through the eyes of an artificial technical analyst. Dissertation, Wirtschafts- und Sozialwissenschaftliche Fakultät. Kiel: Christian-Albrechts-Universität zu Kiel.

Zepp, Marcus (2007): Der Risikobericht von Kreditinstituten – Anforderungen, Normen, Gestaltungsempfehlungen. Bilanz-, Prüfungs- und Steuerwesen Nr. 12, Küting, Weber, Kußmaul (Hrsg.). Berlin: Erich Schmidt Verlag.